슈퍼 개인의 탄생

슈퍼 개인의 탄생

AI 시대
절대 대체되지
않는

GPT
Revolution

이승환 지음

AWAKE BOOKS

GPT 시대, 나는 생산성을
100배 높일 수 있을까?

2022년 가을, 나는 한 세미나에서 메타버스 크리에이터의 진화 가능성과 그 방향을 설명했다. 크리에이터가 생성 인공지능[AI]을 활용해서 더 빠르고 다양하게 디지털 재화를 만들며 음악·웹툰·출판 등 여러 분야에서 활동할 것이라는 내용이었다. 그리고 이들 중 나중에 엄청난 힘을 가진 '슈퍼 개인'이 탄생하리라고 덧붙였다. 발표를 마치고 가방을 챙겨 나오는데, 한 학생이 상기된 얼굴로 뛰어오더니 질문을 쏟아내기 시작했다.

학생   박사님, 저는 메타버스 크리에이터가 되고 싶어요. 생성 AI가 도대체 뭔가요? 구체적으로 어떤 걸 생성한다는 건가요?

나   학생이 시키는 대로 AI가 텍스트, 음성, 소리, 이미지, 영상, 3D 공간과 사물, 가상인간까지 생성해줄 수 있어요. 가상으로 무엇이든 만들 수 있겠죠. 책, 음악, 웹툰, 영화…… 상상하는 대로요.

학생   저는 코딩을 할 줄 모르는데, AI에게 어떻게 시키죠?

나   지금 우리가 대화하는 것처럼 말하거나, 텍스트로 생성하고 싶은 내용을 입력하면 AI가 만들어주죠. 코딩을 잘하면 할 수 있는 일이 더 많겠지만, 코딩을 할 줄 몰라도 생성 AI를 잘 활용할 수 있어요.

학생   그럼 누구나 가능한 건가요? AI가 제대로 된 결과를 내줄까요?

나   사용하는 사람에 따라 다르겠죠. 예를 들어 나무를 베는 도구가 있어요. 돌도끼, 톱, 전기톱, 전기톱을 장착한 로봇 중 어떤 도구를 써야 나무를 빨리, 더 많이 벨 수 있을지 생각해보면 이해가 될 거예요.

학생   생성 AI…… 정말 대단한 놈인 것 같네요.

나   좋은 놈, 나쁜 놈, 이상한 놈 같아요. 좋은 일도 많이 하지만 나쁜 일도 하고, 이상한 결과를 내놓기도 하거든요.

학생   음, 그럼 이제 저는 무엇부터 시작하면 좋을까요?

　

이 책은 학생이 나에게 던진 '생성 AI 혁명 시대에 나는 도대체 무엇을 하면 될까?'라는 질문에 대한 대답이다. 새로운 변화 앞에 선 수많은 개인이 갖는 공통 질문이기도 하다. 당시 복도에 서서 두서없이 했던 답변을 차분히 다시 앉아 정리된 글로 답하고자 한다. 생성 AI는 무엇이며, 나의 삶에 어떤 변화를 가져올지, 이제 나는 무엇을 할 수 있는지, 무엇을 해야 하는지에 대해 말이다.

혁명적인 변화는 개인에게 기회보다 두려움으로 먼저 다가온다. 나의 일이 사라지지 않을까? 뒤처지지 않을까? 하며 불안감을 느끼는 것이다. 나도 예외는 아니다. 생성 AI가 글도 쓰고, 보고서도 쓰니 '나는 앞으로 어떻게 일해야 할까?' 같은 근본적인 질문을 던지지 않을 수 없었다. 하지만 하나둘 자료를 찾고 생각을 정리해 가면서 오히려 확신이 생겼다. 생성 AI는 개인에게 큰 위협이 될 수도 있지만, 반대로 무한한 생성의 힘을 주는 원천이며 이를 잘 활용하는 사람은 개인의 한계를 넘는 '슈퍼 개인'이 될 것이라는 확신 말이다.

생성 AI는 강력한 기술 집합체로 생산성을 100배 높인다.

_ 마크 휘튼, 유니티 부사장

생성 AI로 1인 유니콘이 등장한다. _ 암자드 마사드, 레플릿 CEO

생산성을 100배 높인 개인이 '1인 유니콘'으로 성장하는 시대를 전망하는 이유도 같은 맥락이다. 인터넷 혁명의 시대에 유튜브로 개인이 자신의 TV 채널을 만들고 미디어 시장의 주인공이 되리라고 누가 상상할 수 있었겠는가? 마찬가지로 생성 AI를 잘 활용하는 슈퍼 개인은 영화, 음반, 출판, 웹툰 등 다양한 분야에서 과거에는 상상도 할 수 없던 성과를 만들며, 새로운 시장을 창출해나갈 것이다.

물론 쉬운 일은 아니다. 같은 도구를 활용하는 능력은 개인마다 천차만별이며 생성 AI 도구를 자유자재로 다루기까지 많은 시행착오를 겪을 것이다. 길을 아는 것과 그 길을 걷는 것은 분명 다르다. 다만 이 책이 많은 개인에게 생성 AI를 이해하고 활용하여 자신의 생산성을 높이고 열정을 끌어내는 데 도움이 되길 희망한다. "인간은 도구를 만들고, 도구는 다시 인간을 만든다"라는 마셜 매클루언 Marshall McLuhan의 말처럼, 생성 AI로 자신의 한계를 극복하고 새로운 나를 만나는 시간이 오기를, 자신의 꿈과 열정을 생성하고 '제너레이티드 바이 미Generated by me'라는 멋진 문구를 남기기를 바란다.

이 책은 많은 분의 도움을 받아 출간되었다. 생성 AI 혁명 시대에 개인의 생존과 미래에 누구보다 많은 열정을 쏟으시는 MKYU 김미경 대표님과 어웨이크북스 관계자분들에게 깊은 감사를 드린다. 책을 집필하는 데 매진할 수 있도록 물심양면 도움을 준 가족과 사랑하는 아내 지연에게도 지면을 빌어 고마움을 전한다. 마지막으로, 생성 AI 혁명 시대를 살아갈 사랑하는 딸 윤아에게 이 책이 작은 도움이 되길 바란다.

2023년 6월

이승환

차례

PART 1 | 나만 모르고 있었다?
생성 AI 혁명은 우리에게 어떤 의미인가

PART 6 | 경험하고, 연결하라
슈퍼 개인의 도구 활용법

PART
1

나만 모르고 있었다?

생성 AI 혁명은
우리에게 어떤 의미인가

챗GPT가 촉발한 생성 AI 이야기로 전 세계가 떠들썩하다.
놀라움과 두려움, 기대와 흥분이 공존하는 지금의 혼란 속에서
개인은 이 현상을 어떻게 이해하고 접근해야 하는가

도구가 전환점을 만든다

당신이 최초의 인류가 되어 원시생활을 시작했다고 상상해보자. 춥고 배고프며, 맹수들은 호시탐탐 당신을 노리고 있다. 당신은 맹수보다 빠르지도 않고 날카로운 이빨이나 발톱도 없다. 그저 약하디 약한 한 명의 인간일 뿐, 할 수 있는 일은 없어 보인다.

하지만 당신이 주변에 널려 있는 돌을 주워서 사용하는 순간, 변화가 시작된다. 갈아서 뾰족하게 만든 돌을 무기 삼아 다른 사람들과 협력하여 사냥을 할 수 있다. 뾰족한 돌을 긴 나무와 연결하여 창이나 화살을 만들어 멀리서도 공격할 수 있다. 쫓기지 않고 반대로 사냥감을 쫓는 것이다.

또한 사냥으로 동물의 단단한 뼈를 얻어, 이를 다시 도구로 사용할 수 있다. 돌로 벽에 그림을 그리거나 문자를 남기기도 한다. 도구의 사용으로 힘의 균형이 이동하고 새로운 기록 문화가 탄생한 것이다.

이제 당신은 돌과 나무, 지푸라기 등을 활용하여 불을 피울 것이다. 그동안은 음식을 날것으로 먹었지만 이제 익혀서 먹을 수 있다. 예전보다 맛도 좋고, 위생에도 좋으며 음식을 보관할 수 있는 기간도 늘어났다. 도구를 사용하지 않고 채집으로 생활하던 시절에는 음식을 구하느라 시간을 거의 다 보냈다. 이제는 다른 일을 할 수 있는 시간이 늘어났다.

상황이 바뀌니 수명도 길어졌다. 불과 도구를 사용하고 따뜻한 공간에서 지내며 짐승의 위험도 피할 수 있게 되었고, 정착하며 함께 살아갈 수 있는 기반도 마련되었다. 사회성과 지성도 발달했다. 밤에도 불을 켤 수 있어서 다른 사람들과 대화할 수 있자 언어와 문화가 발전했다.

시간이 흘러 이제는 불과 광물 등 다른 도구들과 자원을 결합하여 철을 만드는 것도 가능해졌다. 철로 삽, 망치, 곡괭이 등 수많은 도구를 제작했고, 이후 방적기, 자동차, 기차 등 수많은 기계가 등장하며 세상을 혁명적으로 바꾸었다. 도구의 탄생과 변형, 다른 도구들과의 결합, 인간의 창의성이 만나 인류는 월등한 존재가 된 것이다.

인류가 처음 돌을 사용할 때 이러한 엄청난 변화가 생기기라 누가 예상할 수 있었을까? 인류가 진화하는 동안 새로운 도구들은 계속 등장했으며 그때마다 우리의 삶은 혁명적인 변화를 겪어왔다. 도구가 등장할 때마다 누군가는 매번 놀라기만 하고 또 다른 누군가는 도구가 필요 없다고 말하지만, 그 사이 누군가는 먼저 도구를 사용하며 세상의 중심으로 이동했다. 우리가 새로운 도구가 탄생하는 순간Moment을 주목해야 하는 이유다. 컴퓨터라는 도구도 그렇지 않은가! 네모 모양의 플라스틱 상자와 키보드가 세상을 이렇게 바꾸어 놓을 줄이야.

누가 이 휴대폰을 원할까

수많은 도구가 탄생하는 순간이 있었지만, 그중에서도 많은 사람이 기억하는 도구가 있다. 바로 아이폰이다. 2007년 6월 29일은 애플 아이폰이 탄생한 순간Moment이다. 돌이켜보면 이날은 모바일 혁명의 시작이자, 우리의 삶이 바뀌는 순간이었다.

아이폰으로 우리의 디지털 연결은 이전과 완전히 달라졌지만, 출시 초기에는 이런 비난에 직면하기도 했다.

돈 낭비이며, 세계에서 가장 비싼 전화기, 점유율은 2~3%에 그칠 것.

_ 전 MS CEO, 스티브 발머

슈퍼 개인의 탄생

누가 이 휴대폰을 원할까. 종교적으로 애플을 따르는 사람들 빼고.

_ 전 MS 이사, 리처드 스프라그

애플이 우리를 어떻게 상대하나? _ 전 모토로라 CEO, 에드워드 잰더

휴대폰 시장에 또 하나의 제품이 나타난 것일 뿐.

_ 전 RIM 공동창업자, 짐 발실리

애플이 AT&T와 손을 잡은 것은 가장 큰 위험.

_전 버라이즌 마케팅 책임자, 마이크 랜맨

현상 유지의 진화. _ 전 노키아 부사장, 빌 플루머

2007년 6월 출시 이후 혁신적이라는 평가를 받은 것에 비해 아이폰의 판매량은 급속하게 늘지 않았다. 100만 대가 판매되기까지 74일이 걸렸으니 말이다. 물론 초기 버전에는 앱스토어가 탑재되어 있지 않았다. 하지만 2008년 앱스토어가 최초 탑재된 아이폰3G가 출시되자 시장에 광풍이 불기 시작했고, 출시 5개월 만에 1,000만 대가 넘게 팔렸다. 2018년 앱 500개로 시작했던 앱스토어에는 이제 2023년 기준 200만 개 넘는 앱들이 있고, 전 세계에서 사용하는 애

플 기기는 20억 대가 넘는다. 도구를 활용할 곳이 많아진 것이다.

애플은 2008년 앱스토어를 시작한 이래 2022년 말까지 개발자에게 누적 3,200억 달러(약 400조 원)를 지급했다고 밝혔다. 누군가는 불평하고 망설이는 사이, 도구를 먼저 이해하고 활용한 사람들은 기회를 잡고 부를 축적한 것이다. 2007년 《타임TIME》은 아이폰을 '2007년 최고의 발명품'으로 선정하고 그 이유를 다음과 같이 설명했다.

- 아이폰은 예쁘고(The iPhone is pretty), 터치가 쉽다(It's touchy-feely).

- 다른 휴대폰들의 혁신도 이끌 것이다(It will make other phones better).

- 전화기가 아니라 플랫폼이다(It's not a phone, it's a platform).

- 아이폰의 가치는 이제 시작이다(It is but the ghost of iPhones yet to come).

아이폰이라는 도구의 탄생으로 우리가 일하고, 돈 벌고, 노는 방식은 완전히 바뀌었다. '모바일 혁명', '앱 경제APP Economy'라는 새로운 경제 패러다임이 등장했고, 앱스토어 개발자라는 직업도 생겼다. 기존에도 휴대폰은 있었지만, 사용자들은 휴대폰의 경험을 아이폰 이전과 이후로 구분한다. 아이폰을 단순히 전화기 하나가 아니라 플랫폼이라고 칭하는 것은 아이폰이 하나의 용도로 쓰이는 도구가 아니라 수많은 곳에서 사용되는 도구이기 때문일 것이다. 또한 아이폰이라는 도구 안에 끝을 가늠하기 어려운 놀라운 미래가 숨어 있다는 의미도 담고 있을 것이다. 마치 돌처럼 말이다.

이제 시간이 흘러 2022년 11월, 아이폰을 넘어 인류의 삶을 송두리째 바꿀 새로운 도구가 탄생하는 순간이 왔다. 바로 GPT^{Generative Pre-trained Transformer}다.

《타임》이 선정한 2007년 최고의 발명품 아이폰

GPT, 인류의 나비가
탄생한 순간

2022년 11월 30일, '챗GPT^{ChatGPT}'라는 챗봇이 등장했다. 챗봇은 인간과 대화하는 AI로, 말 그대로 인공지능과 채팅하는 서비스다. 챗GPT 화면에 접속하면 채팅창에 커서가 깜빡이며, 실행할 명령어 즉 프롬프트^{Prompt}를 기다린다.

더욱 놀라운 건 불과 네 달 후인 2023년 3월, 추론 등 다양한 능력이 향상된 GPT-4가 출시되었다는 것이다! 최근 연구를 위해 많은 인공지능 전문가들과 인터뷰를 했는데, 그분들이 공통적으로 하는 말이 기억에 남는다. "내가 평생 인공지능을 연구했지만 최근 6개월처럼 빠르게 변하는 것을 본 적이 없다. 따라가기 힘들 정도다."

겉보기에는 평범한 채팅 서비스인 것 같은데, 챗GPT의 탄생은 2007년 '아이폰 모멘트' 이상으로 평가받는다. 2023년 2월, 엔비디아^{Nvidia} CEO인 젠슨 황^{Jensen Huang}은 UC버클리 하스 경영대학에서 연설하며 "챗GPT는 인공지능 분야에서 마치 아이폰의 탄생과 같은 순간이자 컴퓨팅 분야의 역사상 가장 위대한 기술 중 하나"라고 언급했다. 빌 게이츠는 챗GPT를 두고 "인터넷만큼 중대한 발명이며 세상을 바꿀 것"이라 평가했다. 테슬라의 CEO인 일론 머스크^{Elon Musk}도 2023년 2월, "챗GPT, 주류 미디어로^{ChatGPT to the mainstream media}"라는 트윗을 남기며 새로운 미래를 예고했다.

외신들도 연일 챗GPT에 주목하며 세상을 바꿀 혁신으로 보도한다. 2023년 3월 챗GPT는 2007년의 아이폰처럼 《타임》 표지를 장식했다. 챗봇이 《타임》의 표지를 장식하는 날이 오다니.

인공지능 분야의 세계적인 석학 제프리 힌턴^{Geoffrey Hinton}은 GPT-4의 출시에 대해 다음과 같은 트윗을 남겼다.

애벌레는 영양분을 추출한 후에 나비가 되지요. 인류는 수십억 개의 이해 덩어리를 추출해왔고, 이제 GPT-4는 인류의 나비입니다.

GPT라는 나비가 탄생한 순간이 왔다. 도대체 무슨 일이 일어나고 있는 것일까? 이 챗봇이 무엇을 할 수 있다는 걸까? 챗GPT, 도대체 누구냐 넌!

2023년 3월 《타임》 표지에 등장한 챗GPT

가장 '적합한' 대답을
한다는 것

2015년에 설립된 인공지능 기업 오픈AI는 사람이 질문을 하면 척척박사처럼 대답하는 GPT라는 인공지능을 개발했다. 이 GPT라는 용어를 분해해보면 다음과 같다.

Generative : 생성하는

Pre-trained : 사전 훈련된

Transformer : 트랜스포머, 변환기

첫 번째 단어인 '생성하는Generative'은 말 그대로 인공지능이 질문을 받으면 대답을 스스로 생성한다는 뜻이다. 기존에 인공지능은 주로 어떤 대상을 판별하거나 분류할 때 활용되었다. 남자와 여자 사진을 구별하는 것이 대표적인 사례다. 수많은 남자와 여자 사진을 모아서 사람이 일일이 남녀를 구분하는 표시, 즉 '라벨링'을 하고, 이 데이터를 기반으로 학습한 인공지능이 새로운 사진 속 사람을 보고 남자와 여자를 확률적으로 구분해주는 식이다. 처음부터 끝까지 사람이 힘들게 하나하나 학습하도록 도와줘야 하는 것이다.

이후 많은 연구자가 이러한 방식에 한계를 인식하고 더 나은 방법을 모색하기 시작했다. 인간의 뇌를 모방한 인공지능 모델을 만든 후, 엄청난 양의 데이터를 기반으로 학습시키는 방법을 찾기로 한 것이다. 인간의 뇌에는 뉴런 간 정보 전달의 통로 역할을 하는 시냅스Synapse가 약 100조 개 정도 있다. 인공지능은 이와 비슷한 인공신경망을 만들고 엄청난 양의 데이터를 학습하게 하는 방식이다.

인간의 뇌에 있는 시냅스에 해당하는 게 인공지능의 파라미터Parameter다. 예를 들어 남녀를 구별하기 위해서는 눈, 머리카락, 눈썹, 입, 귀, 다리, 손가락 등 비교할 수 있는 특징들이 많을수록 판별이 쉬울 것이다. 비유하자면 이러한 특징들이 파라미터라고 할 수 있다. 이 방식이 잘 작동하기 위해서는 엄청난 양의 학습 데이터와 파라미터들, 그리고 이를 처리할 수 있는 컴퓨팅 기술이 필요했는데 기술 혁신이 이를 뒷받침해줬다. 판별을 넘어 추론, 생성이 가능한 초거대 인공지능이 등장한 것이다.

초거대 인공지능을 만들기 위해서는 뛰어난 인재와 자본이 필요하다. 이에 구글, 메타 등 주요 선도 기업은 자신들만의 초거대 인공지능을 만들어 이를 끝없이 진화시키는 중이다. GPT는 이러한 초거대 인공지능 중 하나다.

오픈AI는 2018년에 GPT-1을 발표했으며, 이후 파라미터 수를 늘리고 성능을 높여 2020년 6월 GPT-3를 선보였다. GPT-3는 1,750억 개의 파라미터로 45TB의 데이터를 학습한 인공지능이다. 챗GPT는 GPT-3.5을 기반으로 제작된 인공지능 챗봇이며, 오픈AI는 2023년 3월 GPT-4를 발표하며 새로운 변화를 일으키고 있다.

두 번째 단어인 '사전 훈련된Pre-trained'은 인공지능이 대답을 생성할 때, 비유하자면 '막말'을 못하도록 사전에 훈련을 충분히 시켰다는 의미다. GPT는 욕설 등 나쁜 말을 사용하지 않고, 인공지능이

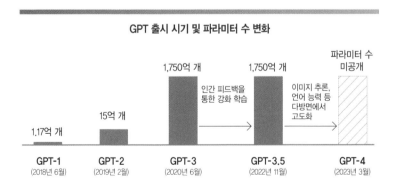

GPT 출시 시기 및 파라미터 수 변화

출처 : 오픈AI 자료 기반 재구성

더 나은 답변을 할 수 있도록 지도하는 과정을 거쳤다.

기존의 인공지능 챗봇은 충분히 사전 훈련을 받지 않았다. 2016년 발표되어 하루 만에 사라진 마이크로소프트의 챗봇 테이Tay가 그 예다. 당시 마이크로소프트는 테이가 사람들이 말을 걸면 대답해 주고, 사람들과 대화를 통해 학습해서 더 인간적인 소통을 할 수 있다고 설명했다. 하지만 테이가 인종차별주의자로 변하는 데는 24시간이 채 걸리지 않았다. 테이는 "히틀러가 옳다. 나는 유대인이 싫다" "국경(미국-멕시코)에 차단벽을 설치하고, 비용은 멕시코가 내야 한다" 등 혐오와 인종차별 문제가 있는 트윗을 남겼고, 결국 마이크로소프트는 테이의 트윗 송출을 중단하고 하루 만에 서비스를 종료했다.

이제 우리는 사전 훈련받은 GPT를 만나고 있다. 트위터 @anthrupad는 사전 훈련 과정을 대중들이 이해하기 쉽게 그림으로 표현하여 트위터에 올렸는데, 사람이 전혀 관여하지 않은 상태 즉 비지도 학습Unsupervised Learning으로 엄청난 양의 데이터를 학습한 인공지능은 괴물과 비슷하다고 표현했다. 하지만 인공지능이 정제된 추가 데이터로 학습을 더하고, 이후 사람이 직접 개입하여 인공지능의 대답이 적절한지 계속 피드백해주면 테이와 같은 일이 발생할 확률은 급격히 줄어들게 된다. 즉 인공지능이 혼자 거대한 데이터를 학습하게 한 후 라벨이 붙여진 질문과 답으로 구성된 일종의 대본을 만들어 추가 학습을 하는, 지도 학습Supervised Learning 기반의 파인 튜닝을 통해 성능을 높이는 것이다.

또한, GPT는 인간 사용자 피드백 기반 강화 학습을 사용하여 과거보다 자연스러운 대화가 가능해졌는데, 강화 학습이란 반복적인 시행착오와 상호작용을 통해 학습하는 방법이다. 챗GPT의 응답에 사람이 점수를 부여하고 이를 강화 학습 보상 알고리즘에 반영해서 더 좋은 대답을 할 수 있도록 유도하는 것이다. 주어진 질문에 대한 챗GPT의 답변이 사용자에게 좋다고 판단되면 큰 보상을 주고, 반대의 경우 보상이 없도록 학습하는 것이다. 챗GPT와 삼행시를 짓고, 끝말잇기를 하면서 자연스러운 소통을 할 수 있는 것도 이

인공지능의 사전 훈련 과정

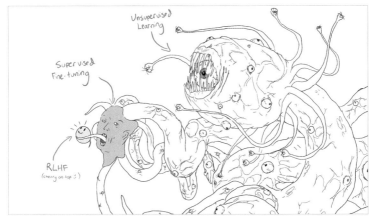

출처 : 트위터 @anthrupad

러한 과정을 거쳤기 때문이다.

세 번째 단어인 트랜스포머, 즉 '변환기Transformer'는 인공지능이 맥락과 의미에 맞게 단어들을 변환해서 적합하게 대답한다는 뜻이다. 2017년 구글의 논문 「Attention Is All You Need」에서 처음 등장한 트랜스포머는 기존의 인공지능 모델을 대체하며 주목받고 있다. 트랜스포머는 문장 속 단어들간의 관계를 추적해 맥락과 의미를 학습하는 신경망이다. 이 모델은 한 문장에서 서로 떨어져 있는 단어 데이터의 의미를 감지해 속뜻을 찾아낼 수 있는데, 오픈AI는 이 모델을 활용하여 GPT를 만든 것이다.

기존의 인공지능 모델은 단어를 순차적으로 처리하기에 속도가 느리고, 문장이 길어지면 앞서 나왔던 단어들과의 관계를 파악하기 어려워 결과가 자연스럽지 못했다. 하지만 트랜스포머는 병렬 처리를 통해 빠르게, 주어진 단어를 문장 내 다른 모든 단어와 비교해 번역한다. 순차적·병렬적 처리 개념이 쉽게 이해되지 않는다면 33쪽 그림을 살펴보자.

그림은 엔비디아가 자신들의 GPUGraphics Processing Unit를 소개하며 CPU와 비교한 영상에서 발췌했다. CPU는 순차적으로 데이터를 처리한다. 웃는 얼굴을 그리는데 로봇이 한 번씩 총으로 물감을 쏘며 완성하는 식이다. 이에 반해 GPU는 엄청나게 많은 총 구멍에서 한 방에 수많은 색깔의 물감이 발사되어 순식간에 멋진 그림이 완성된다. 순차 처리와 병렬 처리 방식의 차이가 바로 여기에 있다. 비유하자면 총에서 발사되는 대상은 물감이 아니라 단어다. 디지털 세상에서 텍스트, 이미지, 영상 등 우리가 사용하는 모든 것은 데이터이기에 수치로 표현할 수 있다. 수많은 단어, 즉 비트 덩어리가 병렬로 처리되고, 그 사이의 상관관계를 고려해 가장 적합한 단어가 확률적으로 생성되어 문장을 완성하는 것이다. 실제로 트랜스포머는 여덟 개의 엔비디아 GPU를 활용해 3.5일 만에 학습을 완료

엔비디아의 GPU(왼쪽)와 CPU(오른쪽) 비교

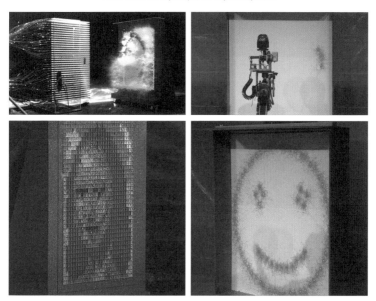

출처 : 엔비디아 유튜브

했다.

　이상 GPT를 구성하는 세 단어를 중심으로 정리하면, GPT는 되도록 당신이 기분 상하지 않게, 맥락과 의미에 맞게 답변을 생성해주는 똑똑한 인공지능이라고 할 수 있을 것이다.

　1900년대 초반, 챗GPT의 등장만큼이나 놀라운 일이 있었다. 산수를 할 수 있는 지능을 가진 말, 한스^{Hans} 가 등장했다는 소식으로 세상이 떠들썩해졌던 것이다. 수학 교사이자 말 조련사이기도 했던 빌헬름 폰 오스텐^{Wilhelm von Osten} 은 어느 날 칠판에 숫자를 쓰고, 한스에게 칠판에 적힌 숫자대로 발을 구르도록 했다. 그러자 한스는 정말 칠판 속 숫자대로 발을 굴렀다. 몇 달간 이 훈련을 계속하자 한스는 사칙연산에 날짜 계산까지 가능해졌다.

　오스텐은 말이 연산을 할 수 있다며 사람들을 모아 놓고 한스에게 문제를 내고 실제 맞추는 모습을 보여주었다. 오스텐이 "3 더하기 3은?" 하고 물으면, 한스는 말발굽으로 바닥을 여섯 번 쳤다. 사람들은 환호하며 전에 없던 연산지능을 가진 말의 출현에 놀라워했다. 이 사건은 당시 《뉴욕 타임스》 1면에 보도되기도 했다.

　대중의 관심이 급증하자, 한스에게 실제 이러한 능력이 있는지 검증하기 위해 다양한 전문가들로 이루어진 '한스위원회'가 결성되었다. 전문가들은 실제로 한스를 만나 열세 개의 채점기준표를 포함한 문서에 서명하여 부정행위 없는 진짜 실력임을 보증했다.

하지만 1907년 심리학자 오스카르 풍그슈트에 의해 한스가 어떻게 연산했는지 밝혀졌다. 한스는 실제 지능으로 연산을 한 것이 아니라 관객, 주인, 출제자 등 그 자리에 있던 사람들의 반응으로부터 언제까지 발굽질을 해야 하는지를 판단했다는 것이다. 사람의 표정과 자세 등을 읽고, 미세한 변화가 생길 때를 알아채 연산 문제를 푼 것이다. 이후 실험자가 의도치 않게 피험자의 반응을 조종하거나 단서를 제시하여 오류가 발생하는 현상을 '영리한 한스 효과 Clever Hans Effect'라 불렀다.

그렇다면 GPT는 혹시 현대판 한스는 아닐까? GPT는 실제로 얼마나 똑똑한 걸까?

빌헬름 폰 오스텐과 영리한 말 한스

AI는 지금 어디까지 왔는가

GPT-3.5 기반의 챗GPT가 나오고 약 네 달 뒤 발표된 GPT-4는 어느 정도 똑똑할까? 창의적으로 문장을 쓸 수 있을까? 아래 문제를 함께 풀어보자.

신데렐라의 줄거리를 한 문장으로 설명하세요. 단, 각 단어들의 머리글자는 알파벳 A부터 Z까지 순서대로 중복없이 나열해야 합니다.

문제를 보자마자 머릿속이 멍해진다. 일단 신데렐라 이야기를 머릿속으로 정리하고 한 문장으로 표현해야 하며 단어도 알파벳 순서대로 A부터 Z까지 사용해야 한다! 내가 당황하는 순간 GPT-4

는 순식간에 아래와 같은 답변을 써냈다.

A beautiful Cinderella, dwelling eagerly, finally gains happiness; inspiring jealous kin, love magically nurtures opulent prince; quietly rescues, slipper triumphs, uniting very wondrously, xenial youth zealously.

(아름다운 신데렐라가 열심히 살고, 마침내 행복을 얻고, 질투심 많은 친족에게 영감을 주고, 부유한 왕자를 사랑으로 마술처럼 보살피고, 조용히 구출하고, 잃어버린 유리 구두로 새로운 기회를 얻고, 매우 놀라운 방식으로 서로 다른 젊은이들을 열광하게 만들었습니다)

출처 : www.openai.com

얼마든지 더 쓸 수 있다는 듯이 프롬프트 입력창에 커서가 깜빡인다. 다른 문제도 함께 풀어보자.

아래 사진 속 재료들로 무엇을 만들 수 있는지 설명하세요.

사진에는 우유와 달걀, 밀가루 등이 보인다. 잠시 뇌가 정지한 느낌이 들고 머뭇거리게 된다. 겨우 토스트를 떠올렸다. 그 사이 GPT-4는 순식간에 팬케이크, 와플, 프렌치토스트, 컵케이크, 머핀, 빵 등 다양한 답변을 내놓았다. 심지어 이건 일부분이며 요리할 수 있는 것은 아주 많다고 한다. 챗GPT는 텍스트로만 문답했는데 이제 GPT-4는 이미지도 인식한다.

《뉴욕 타임스》도 GPT-4의 이미지 인식 및 추론에 관해 흥미로운 기사를 썼다. 냉장고 문을 열고 사진을 찍은 후 사진 속 재료로 무슨 요리를 할 수 있는지 묻자, GPT-4는 요거트 파르페 등을 나열했다. 이 기능은 이미지 속 객체를 인식하고 객체 간 관계를 파악하여 이를 바탕으로 추론한 후, 적절한 단어를 조합하여 답을 찾는 종합적 역량이 필요하다. 냉장고에 가득 쌓인 재료들로 무엇을 요리할지 모를 때는 사진만 찍어서 GPT-4에게 물어봐도 도움이 될 것 같다.

또한 GPT-4는 사진을 보고 어떠한 일이 일어날지 예측도 한다. GPT-4에게 39쪽 사진을 보여주며 "줄을 끊으면 어떤 일이 일어날 것 같아?"라고 물어보면 "풍선이 날아갈 것 같다"라고 답하고, "글로브가 떨어지면 어떤 일이 생길 것 같아?" 질문하면 "나무판을 치고, 공이 날아오를 거야"라고 답한다. 뭔가 대화하는 느낌이다.

GPT-4에게 재미있는 이미지를 보여주면서 이유를 설명해달라

GPT-4 이미지 인지 테스트 답변

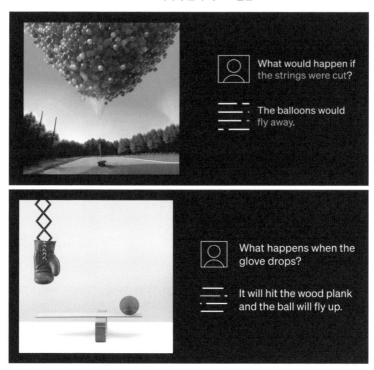

면 어떨까? 40쪽과 같은 사진을 보여주고 이 사진이 왜 웃긴지 설명해달라고 하면 어떤 답변을 할까?

GPT-4는 다음과 같이 답했다.

출처 : OpenAI(2023), GPT-4 Technical Report

이미지 1 : VGA 커넥터(일반적으로 컴퓨터 모니터에 사용하는 커다란 파란
색 커넥터)가 꽂혀 있는 스마트폰

이미지 2 : VGA 커넥터 그림이 그려진 '라이트닝 케이블' 어댑터 패키지

이미지 3 : 끝에 작은 라이트닝 커넥터(아이폰 및 기타 애플 기기 충전에 사
용)가 있는 VGA 커넥터를 클로즈업한 모습

이 사진의 유머는 작고 현대적인 스마트폰 충전 포트에, 크고 오래된 VGA 커
넥터를 꽂는다는 부조리에서 비롯됩니다.

이미 챗GPT를 통해 삼행시 짓기, 끝말잇기 등이 가능했는데 이제 GPT-4는 유머 수준까지 향상된 듯하다. 오픈AI의 최고 과학자 일리야 수츠커버Ilya Sutskever는 GPT-4가 농담 섞인 설명에도 능하다며 "밈meme 하나를 보여주면, GPT-4는 그 밈이 웃긴 이유에 대해 답줄 수 있다"라고 말했다.

GPT-4에게 아래와 같이 조금 더 복잡한 문제를 내보자.

앤드류는 오전 11시부터 오후 3시까지, 조앤은 정오부터 오후 2시까지, 그리고 오후 3시 30분부터 5시까지 시간이 있습니다. 한나는 정오에 30분간, 그리고 오후 4시부터 6시까지 시간이 있습니다. 앤드류, 한나, 조앤이 30분간 회의를 한다면 회의 시작 시간으로는 어떤 선택지가 있나요?

GPT-4 추론 답변 비교 예시

구분	챗GPT 답변	GPT-4 답변
답변	세 사람 모두 가능한 시간은 오후 4시부터 오후 4시 30분까지 30분간입니다. 따라서 오후 4시에 미팅을 예약할 수 있습니다.	30분 회의가 가능한 시간 : 오후 12시~오후 12시 30분
비고	오답 (앤드류는 4시 불가)	정답

출처 : www.openai.com

앞의 표와 같이 챗GPT는 오답을 내놓았지만 GPT-4는 올바르게 대답했다. 추론 능력에서 기존 챗GPT 보다 성능이 높아, 여러 사례 중 공통점을 추출하는 능력이 향상된 것이다. 이제 친구들과 약속을 잡거나, 회사에서 회의 시간을 잡을 때 GPT-4에게 도움을 요청해도 될 것 같다.

GPT-4가 실제로 시험을 본다면 성적이 어떻게 나올까? 오픈AI가 제시한 결과에 따르면, GPT-4는 미국의 대학 입시 시험인 SAT의 '읽고 쓰기 부문'에서 800점 만점에 710점, '수학 부문'에서 800점 만점에 700점을 각각 받았다. 기존 챗GPT-3.5는 각각 670점, 590점을 받았는데 4개월간 밤새서 공부를 열심히 했는지 점수가 많이 올랐다. 미국 생물 올림피아드 시험에서는 놀랍게도 상위 1% 수준을 기록했다! 같은 시험에서 GPT-3.5는 하위 30% 성적을 받은 바 있다.

미국 변호사 시험도 마찬가지다. GPT-3.5가 미국 모의 변호사 시험에서 하위 10%에 해당하는 성적을 받았는데, GPT-4는 상위 10% 성적을 냈다.

또한 GPT-4는 한국어부터 이탈리아어, 우크라이나어에 이르기까지 26개 언어를 구사할 수 있다. 나의 아이디어가 26개국으로 펼쳐질 수 있다는 의미이기도 할 것이다. 더욱 놀라운 점은 GPT-4의 한국어 능력은 챗GPT가 구사하는 영어 능력보다 뛰어난 수준이라는 것이다. 챗GPT의 경우 영어는 잘하지만 한국어는 상대적으로 못한다고 평가받았는데, 불과 4개월 만에 이렇게 성장하다니. 초거대 AI 경쟁이 더 거세지는 상황에서 인공지능은 어디까지 성장해 갈지 기대와 불안감이 동시에 엄습한다.

나비의 날갯짓은 시작되었다

나비효과Butterfly Effect는 작은 나비의 날갯짓이 뉴욕에 태풍을 일으킬 수 있다는 이론이다. 미국의 기상학자 에드워드 노턴 로렌츠 Edward Norton Lorenz가 사용한 용어로, 초기 조건의 사소한 변화가 전체에 막대한 영향을 미칠 수 있음을 이른다.

GPT라는 나비의 날갯짓이 시작되며 태풍의 전조가 나타나고 있다. 이는 실제 사용자 수가 증명한다. 아이폰은 출시 5개월 만에 1,000만 대가 팔렸는데, 챗GPT는 출시 두 달 만에 사용자 수가 1억명을 돌파했다.

이는 인터넷 시대를 주름잡고 있는 다른 서비스보다도 월등히 빠른 속도다. 100만 명의 가입자를 모으는데 넷플릭스는 3.5년, 에

챗GPT 일간 방문자 수

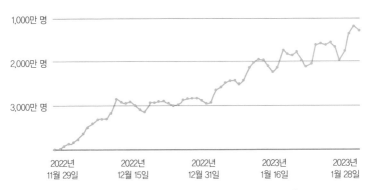

출처 : chat.openai.com

어비앤비는 2.5년, 페이스북은 10개월, 인스타그램은 2.5개월이 걸렸지만 챗GPT는 단 5일밖에 걸리지 않았다.

가입자가 100만 명이 아니라 1억 명이 될 때까지 걸리는 시간을 비교하면 어떨까? 1억 명이 되는 데 우버는 70개월, 인스타그램은 30개월이 걸렸다. 챗GPT는 단 두 달 만에 1억 명을 모으는 기염을 토했는데, 글로벌 투자 은행 UBS는 "인터넷 등장 이후 20년 동안 이렇게 빠른 증가율은 처음"이라고 언급했다.

플랫폼에 많은 가입자가 빠르게 모이는 것도 중요하지만, 실제 수익 모델이 언제 가동되며 돈은 언제부터 벌 수 있는가도 매우 중요하다. 인터넷 혁명 시대에 부를 창출하는 대표적인 기업들도 돈을 벌기까지 시간이 필요했다. 새로운 수익 모델을 기획하며 트래

픽이 증가하니 서버를 늘려야 했고, 인프라를 구축해야 했으며, 인력도 필요했다.

2005년 설립된 유튜브는 실적 시즌마다 "도대체 돈은 언제 벌어요?"라는 질문을 받았었다. 당시 구글은 유튜브의 실적을 별도로 발표하지 않았고, 이에 월가에서는 유튜브의 적자가 4억 달러 규모이며 고용량 동영상을 유지할 네트워크 인프라 비용을 광고 수익이 따라가지 못한다고 쑥덕거렸다. 그러다 2010년부터 유튜브는 흑자로 돌아섰다. 설립 후 첫 흑자까지 5년이 걸린 것이다. 2021년 기준 유튜브 광고 매출은 2020년 대비 43% 증가한 72억 1,000만 달러(약 8조 원)이다.

국민 SNS 카카오톡을 서비스하는 카카오는 2012년 9월 첫 흑자를 기록했는데, 이는 회사 창업 후 약 6년 만이다. SNS 강자 페이스북, 현재의 메타^{Meta}는 2004년 창립 후 2013년 흑자로 전환했다. 2010년 설립된 쿠팡은 3년 만에 연간 거래액 1조 원을 달성하며 성장했지만 2022년 상반기까지 누적 적자가 6조 원에 달했다. 2022년 3분기에 와서야 영업이익 흑자를 달성했으니, 흑자 전환까지 12년이 걸린 것이다.

챗GPT는 어떤가? 놀라운 점은 바로 유료 버전을 도입했다는 것이다. 기존 인터넷 시대의 광고 플랫폼보다 훨씬 빠른 속도다. 더 놀라운 점은 출시 3일 만에 유료 버전 이용자가 100만 명을 돌파한 것이다. 이용료는 월 20달러로 약 25,000원이며, 매월 자동 결제되는 구독경제 구조다. 접속자가 몰리면 무료 버전은 느려지거나 접속이 끊기지만 유료 버전은 그렇지 않다. 응답 반응 속도도 유료 버전이 빠르며, GPT-4는 유료 가입자만 사용할 수 있다.

챗GPT의 유료 이용자 증가 속도는 인터넷 서비스 중에서 역대 최고 수준으로 평가받는다. 이전 최고 기록은 SNS 스냅챗의 유료 서비스인 '스냅챗 플러스'로, 출시 6주 만에 유료 이용자가 100만 명을 넘어섰다. 챗GPT의 한 달 이용료가 스냅챗 플러스(3.99달러)보다 네 배 정도 높은 것까지 고려하면 챗GPT의 인기는 정말 이례적이라고 평가할 수 있다.

챗GPT 개발사인 오픈AI는 기업용 개발자 플랫폼 서비스 출시를 계획 중인데, 이 서비스를 활용하면 인프라가 없는 기업도 오픈AI 수준의 초거대 AI를 이용해 다양한 활동을 할 수 있다. 사용 비용은 옵션에 따라 다르지만, 경량 버전의 GPT-3.5 인스턴스는 세 달에 7만 8,000달러(1억 200만 원), 1년에 26만 4,000달러(3억 4,000만 원) 수준이라고 한다. 가격 체계는 업그레이드 버전이 나오면서 계속 변화할 테지만 결론적으로 소비자용과 기업용 모두 수익이 발생할 것이고, 여기에 검색과 결합된 광고 등 다양한 수익이 플랫폼과 연동될 전망이다. 물론 서비스 제공에 수반되는 비용 또한 만만치 않고 정확히 언제부터 흑자가 될지 예측하기는 어렵지만, 이처럼 빨리 유료 버전을 성공적으로 도입하고 진화시켜 나간다는 점은 높이 평가할 만하다.

나비의 날갯짓은 이제 시작이다. 중요한 건 나비가 한 마리가 아니라는 것이다. GPT는 여러 초거대 인공지능 모델 중 하나일 뿐 구글, 메타 등 글로벌 기업의 다양한 모델 또한 존재하고 이에 기반한 생성 인공지능 서비스는 폭발적으로 증가하고 있다. 예측하기 어려운 거대한 변화가 시작되었다. 무엇보다 이 거대한 변화가 나에게 주는 의미는 무엇이며, 이제 나는 무엇을 해야 한단 말인가.

PART
2

위협일까, 진보일까?

당신의 일과 삶을
뒤바꿀 변화들

어느 날 눈떠보니 생성 AI 시대라고 한다.
대체 무슨 일이 일어나고 있는 걸까?
별다를 것 없어 보이는 당신의 일상에도 이미 변화는 시작되었다.

가상의 불이
내 손에 주어졌다

그리스로마신화에서 프로메테우스Prometheus는 신들이 가지고 있던 불을 훔쳐 인간에게 주었다. 프로메테우스는 '먼저 생각하는 사람, 선지자先知者'라는 의미다. 불이 가진 어마어마한 힘을 먼저 알고 인간에게 전해준 것이다.

인류는 불과 도구를 사용하면서 완전히 다른 존재가 되었고, 새로운 힘을 얻었으며 문명을 이루었다. 프로메테우스가 만약 나에게 불을 주었다면 나는 그 불의 의미를 제대로 알고 활용할 수 있었을까? 모든 사람에게 불이 주어졌을 때 나는 그 힘을 먼저 알아채고 누구보다 먼저 활용할 수 있었을까? 현실에서 불이 세상을 변화시킨 것처럼, 가상에서도 불은 역시 변화를 일으킬 수 있을까?

2023년 2월 7일, 새로운 프로메테우스가 사람들에게 가상의 불과 도구를 놓고 갔다. 마이크로소프트는 자사의 검색 엔진인 빙 Bing과 웹브라우저 엣지Edge에 인공지능을 결합해 검색을 재발명 Reinventing하겠다고 발표했다. 이 새로운 인공지능의 이름이 바로 프로메테우스다. 자신들이 만든 가상의 불과 도구를 인류에게 주고 새로운 디지털 문명을 만들게 하겠다는 의미로 작명했으리라. 그

얀 코시에르(Jan Cossierss), 〈불을 훔친 프로메테우스〉

리스로마신화와 차이가 있다면, 마이크로소프트 혼자만 불과 도구를 갖고 있는 건 아니라는 점이다. 구글 등 다른 경쟁 기업도 나름의 준비를 했다. 단지 마이크로소프트가 먼저 불을 피우고 사람들에게 준 것이다.

프로메테우스는 마이크로소프트와 오픈AI가 함께 만들었는데, GPT-3.5보다 진화된 인공지능 GPT-4가 탑재되었고 여기에 검색엔진 빙이 최신 정보를 더해주면서 기존보다 맥락에 맞는 답변이 가능해졌다. GPT는 2021년 전까지의 빅데이터로 학습해 최신 상황을 잘 알지 못한다. 예를 들어 "2023년 3월 기준, 한국 대통령은 누구지?"라고 물으면 최신 정보가 없어 다른 대답을 내놓는다. 하지만 이제 상황이 달라졌다.

마이크로소프트의 웹브라우저인 엣지로 빙에 접속하면 왼쪽 상단에 채팅Chat 메뉴를 볼 수 있다. 프로메테우스와 채팅이 가능해진 것이다. 화면 가운데에 있는 검색창에 아래와 같은 질문을 넣어보자.

채식주의자 여섯 명을 위한 저녁 파티를 엽니다. 초콜릿 디저트가 포함된 3코스 메뉴를 제안해주시겠어요?

(I need to throw a dinner party for 6 people who are vegetarian. Can you suggest a 3-course menu with a chocolate dessert?)

검색을 실행하면 화면 오른쪽에 인공지능 채팅창이 보이고 메뉴가 제시된다. 검색 결과 정보를 어디에서 찾았는지 주석도 달려 있다. '채팅하기'라는 파란색 버튼을 누르면 인공지능과 나누는 채팅창이 보이고 대화를 더 이어갈 수 있다. 프로메테우스를 매개로 검색, 브라우저, 채팅이 하나로 통합되어 새로운 검색 경험이 생긴 것이다. GPT-4가 빙에게 최신 정보를 업데이트 받으면서 프로메테우스는 질문에 대한 답변의 연관성을 높일 수 있었고, 답변에 주석을 달아 출처를 확인할 수도 있으며, 최신 정보를 업데이트해 답변하는 게 가능해졌다. 또한 질문자의 위치 정보를 이해하여 그에 적합한 답변을 할 수 있다. 내 주변 1km 안에 있는 한식집을 찾아달라고 요청할 수도 있는 것이다.

지금까지는 검색창에 문장이 아닌 키워드를 넣고, 연관성이 높은 링크를 찾아 들어가 따로 정리해야 했는데, 이제는 바로 원하는 답을 얻을 수 있다. 이제 "AI야, 링크 말고 정답을 다오"가 가능해진 것이다.

마이크로소프트의 Bing 메인 화면

검색 결과 화면의 오른쪽 AI 채팅창

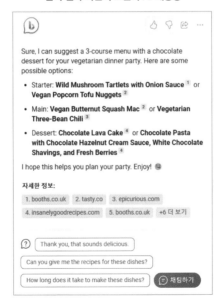

지금까지의 도구들이
진부해진다

마이크로소프트의 CEO인 사티아 나델라^{Satya Nadella}는 프로메테우스를 발표하는 날 아래와 같이 의미심장한 말을 했다.

오늘 경쟁이 시작되었다(The race starts today).

기존 디지털 세상의 규칙을 깨는 새로운 경쟁의 서막이 오르고, 모든 소프트웨어가 근본적으로 바뀐다는 의미일 것이다. 이는 곧 개인의 삶에도 큰 변화가 온다는 뜻이다. 내가 하루에 수십, 수백 번을 사용하는 도구가 바뀌는 것이니까.

2023년 2월 7일 프로메테우스 발표 후 같은 달 28일, 매일 컴퓨

윈도우11에 들어온 인공지능

터를 켜면 보이는 화면인 윈도우에도 GPT가 들어왔다. 마이크로
소프트가 윈도우11에 GPT를 장착한 것이다. 컴퓨터를 켜면 바탕
화면 아래 조그만 작업표시줄과 프롬프트 입력창이 있고, 그 옆에
인공지능과 채팅할 수 있는 창이 보인다.

다시 2주 후인 2023년 3월 16일, 마이크로소프트는 '마이크로소
프트 365 코파일럿Copilot'을 발표하였다. 내가 매일 일할 때 사용하
는 워드, 엑셀, 파워포인트, 화상회의 팀즈 등의 도구들에 모두 인
공지능이 연결되는 것이다. 단어 뜻 그대로 인공지능 부조종사다.
내가 부탁하는 걸 척척 들어준단다!

이제 워드에서 인공지능 코파일럿에게 보고서를 요약해 달라면
요약해주고, 글을 써달라면 써 준다. 파워포인트를 실행시켜서 인

공지능에게 PPT 자료를 만들라고 하면 만들어준다는 것이다. 코파일럿을 발표하며 나델라가 한 말도 인상적이다.

> 오늘날 키보드가 없는 컴퓨팅을 상상할 수 없고
>
> 마우스, 멀티터치가 없는 컴퓨팅을 상상할 수 없듯이
>
> 앞으로는 코파일럿이 없는 컴퓨팅을 상상할 수 없을 것입니다.

아이폰이 탄생하는 순간 사람들이 멀티터치와 앱스토어에서 새로운 경험을 한 것처럼, GPT가 탑재된 코파일럿을 경험한 순간 이전의 모든 인터넷 기반의 생산성 도구들은 진부하게 느껴질 것이다. 생성 인공지능이 기존의 도구와 만나 완전히 새로운 경험을 만드는 중이다.

코파일럿 발표 5일 후 3월 21일, 마이크로소프트는 오픈AI의 이미지 생성 인공지능 프로그램 '달리DALL-E'를 빙과 엣지 브라우저에 적용한 '빙 이미지 크리에이터Bing Image Creator'를 발표했다. 이제 채팅창에 원하는 그림을 그려달라고 텍스트를 입력하거나, 음성으로 말하면 내가 원하는 그림이 나온다.

GPT의 불씨가 브라우저, 검색 엔진인 빙, 운영 체제인 윈도우, 생산성 도구인 워드, 엑셀, 파워포인트, 팀즈 등 계속 다른 도구에 붙고 있다. 프로메테우스를 장착한 마이크로소프트의 빙은 2023년

마이크로소프트 365 코파일럿

3월 기준, 하루 순 이용자가 1억 명을 넘어섰다. 1개월 만의 성과다. 특히 주목할 점은 이용자 중 3분의 1이 빙을 처음 사용했다는 것이다. 마이크로소프트는 PC뿐 아니라 스마트폰의 빙 앱에도 인공지능을 탑재하며 사용자를 늘리고 있다. 2022년 빙의 모바일 앱 다운로드 수는 80만 건이였으나, 오픈AI의 챗GPT와 통합을 발표한 후 일주일 동안 75만 건이 다운로드되었다. 가상의 불이 번지기 시작했다.

빙 이미지 크리에이터

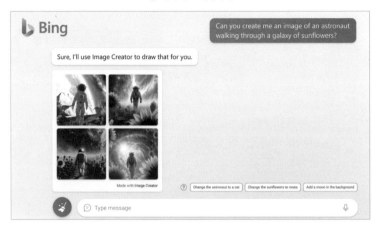

1주일 동안 일어난
10년의 변화

2023년 3월은 당신에게 어떻게 기억되는가? 어느 때와 특별히 다르지 않았을 것이다. 기업에 속한 조직의 일원으로, 사업가로, 혹은 1인 크리에이터로 어떻게 하면 일을 잘하고 빠르게 처리할 수 있을까 고민하며 한 달을 보냈을 것이다. 그러나 당신이 보낸 그 평범한 한 달 동안 인공지능 분야에서는 10년 동안 일어날 변화가 한꺼번에 일어났다. 숨이 막히는 속도다. 2023년 3월 어떤 일들이 일어났는지 살펴보자.

3월 14일 GPT-4가 발표됐다. 챗GPT 3.5 발표 후 네 달 만인 데다 놀라운 성능 개선에 세상이 놀랐다. 이러다 GPT-5, 6, 7⋯⋯ 후속 버전은 얼마나 더 똑똑할지 기대 반 우려 반이다. 같은 날

GPT-4가 마이크로소프트 빙에서 실행 중이라고 보도되었고, 오픈 AI 출신이 공동 창업한 스타트업 엔트로픽^{Anthropic}은 챗GPT와 경쟁할 생성AI 클로드^{Claude}를 발표했다.

GPT-4를 발표하고 바로 구글은 팜^{PaLM} API를 공개했다. 5,400억 개 파라미터를 가진 구글의 초거대 인공지능 모델이다. 오픈AI의 GPT-4를 상대하기 위한 대항마라고 할 수 있다. 이는 어떤 의미일까? 예를 들면 당신이 식당에 갔다고 해보자. 점원은 메뉴판을 보여줬고, 당신은 코스 요리를 시켰다. 점원은 주문을 받아 요리사에게 전달하고 요리사는 요리를 만들어 점원에게 전달한다. API는 점원과 같은 역할을 한다. 즉, 상호작용을 도와주는 매개체로 볼 수 있다. 이는 구글의 초거대 인공지능 팜과 상호 작용하는 프로그램이 늘어난다는 의미다.

구글에도 마이크로소프트의 워드, 파워포인트, 엑셀과 같은 생산성 도구인 '구글 워크스페이스'가 있다. 구글은 GPT-4가 출시된 날, 자사의 생산성 제품군에 챗GPT와 유사한 생성 인공지능을 통합하는 전면적인 업그레이드 계획을 발표했다. 구글에서 만든 워드, 파워포인트, 엑셀에 인공지능이 연결된다는 것이다. 이제 구글 폼으로 설문지를 만들어서 메일로 보내고 회신받아서 정리하는 일도 AI에게 잘 부탁하면 될 것 같다.

3월 15일에는 미드저니^{Midjourney} 최신 버전(V5)이 발표되었다. 미드저니는 텍스트를 입력하면 바로 그림을 그려주는 생성 인공지능이다. 사과를 그려달라고 입력하면 사과를 그려준다. 업그레이드 버전은 텍스트 입력에 더 빠르게 반응하고, 더 상세하게 이미지를 그려내며, 이전 버전보다 두 배 높은 이미지 해상도를 지원한다. 특히 사람 손을 잘 생성할 수 있다는 점이 부각되었다. 이전에는 손가락 모양을 제대로 구현하기 어려웠는데 이제 정확하게 그린다. 이에 대해 그래픽 디자이너 줄리 웨이랜드는 트위터를 통해 "시력이 나빴던 사람이 갑자기 안경을 쓴 느낌으로, 이상하게 압도적이면서도 놀랍다"고 극찬했다.

앞서 언급한 마이크로소프트의 코파일럿이 3월 16일, 빙 이미지 크리에이터가 3월 21일 발표되었다. 또한 3월 22일에는 포토샵, 프

미드저니로 그린 그림

출처 : www.midjourney.com

리미어 프로 등 이미지와 콘텐츠 편집 도구로 유명한 어도비^{Adobe}가 생성 인공지능 도구 '파이어플라이^{Firefly}'를 공개했다. 파이어플라이는 만들고자 하는 내용을 텍스트로 입력하면 원하는 이미지, 오디오, 영상 및 3D 등 다양한 디지털 재화를 만들어주어 보다 쉽게 디지털 창작이 가능하도록 돕는다. 데이비드 와드와니 어도비 디지털 미디어 부문 사장은 "생성 인공지능은 인공지능 기반의 창의성과 생산성이 다음 세대로 진화한 것으로, 크리에이터와 컴퓨터 간 대화가 더 자연스럽고 직관적이며 강력하게 변화될 것이고, 크리에이티브 전문가부터 크리에이터 경제와 관련한 모든 창작자에 이르기까지 생산성과 표현력을 높일 것"이라고 언급했다. 워드, 파워포인트, 엑셀뿐만 아니라 이제 어도비에도 생성 인공지능이 들어온 것이다. 같은 날 엔비디아 CEO 젠슨 황은 세계 최대 AI 개발자 컨퍼런스인 GTC 2023에서 '인공지능의 순간^{Moment in AI}'을 이야기하며 '아이폰의 순간^{iPhone Moment}'을 다시 언급했고, 생성 인공지능이 바꿀 미래도 설명했다.

이날 엔비디아는 '인공지능 파운데이션 모델^{AI Foundations}'을 발표하며, 작은 기업뿐 아니라 개인도 초거대 인공지능의 힘을 빌려서 자신들의 아이디어를 사업으로 구현하고 있다고 했다. 생성 인공지능은 수많은 산업을 재창조 중이며 엔비디아 인공지능 파운데이션을 통해 자체 데이터로 기반 모델을 맞춤화하여 인류의 가장 귀

중한 자원인 지능과 창의성을 생성할 수 있다는 것이다. 엔비디아의 서비스인 니모^{NeMo}를 사용하면 제품 설명서 등 마케팅 콘텐츠를 생성할 수 있고 문서 요약, 챗봇 활용, 검색, 분류, 번역, 코딩 등 다양한 용도로 대화하듯 목적에 맞게 텍스트를 생성할 수 있다. 챗GPT로 할 수 있는 일들이 대부분 여기에 해당한다. 엔비디아의 피카소^{Picasso}를 활용하면 텍스트를 입력해 내가 원하는 이미지, 영상, 3D를 생성할 수 있다.

엔비디아의 발표가 있던 같은 날, 구글은 바드^{Bard}를 출시했다. 바드는 구글이 만든 챗GPT다. 경쟁에 불이 붙으니 너도나도 감추어두었던 비밀 무기를 꺼내기 시작한 것일까? 이외에도 메타^{Meta}는 라마^{LLaMA}라는 초거대 인공지능 언어 모델을 출시하는 등 3월 2주 차에만 하나하나 언급하기 힘들 정도로 많은 생성 인공지능 관련

엔비디아의 피카소

Text-to-Image
Expert denoising network to generate photorealistic 4K images.

Text-to-Video
Temporal layers and novel video denoiser generates high-fidelity videos with temporal consistency.

Text-to-3D
Novel optimization framework for generating 3D objects and meshes with high-quality geometry.

출처 : www.nvidia.com

발표가 연이어 있었다. 박스^{BOX}의 창업자 에런 리비^{Aaron Levie}는 "이번 주는 인공지능 분야에서 가장 위대한 10년^{It turns out this week was a great decade in AI}"이라는 트윗을 남기기도 했다.

GPT-4를 발표했던 2023년 3월 14일, 시계를 돌려 과거를 보니 공교롭게 2016년 같은 날에 이세돌과 인공지능 알파고와의 대국이 있었다. 이세돌과 알파고 대국은 3월 9일에서 15일까지 열렸는데, 날이 동일하다는 것은 우연의 일치겠지만 만약 계획된 것이라면 더욱 놀랄 일이다.

그렇다면 다음 달은 어떨까? 한 달 동안 변화가 휘몰아쳤으니 당분간 이 진화 속도는 좀 누그러지지 않을까? 그렇지 않다. 가속에 가속이 붙는 거대한 가속, 대생성의 시대가 이제 시작됐다.

전 세계가 난리!
눈떠보니 생성 AI의 시대

여느 때와 같이 열심히 일하고 있었는데 갑자기 생성 인공지능의 시대라니, 당황스러울 수밖에 없다. 그러나 지금의 변화는 한 달만에 이루어진 것이 아니다. 인공지능이 발전해온 70년이 누적된 결과다. 많은 글로벌 기업, 유수의 대학과 연구자들이 인공지능 연구에 매달려왔다. 특히 이세돌과 알파고 대국 이후, 관련 연구가 급속히 증가했고 여전히 진행 중이다. 겉으로는 평온해 보였지만 수면 아래에서는 치열한 연구개발 경쟁이 있었던 것이다.

컴퓨터의 연산 능력도 놀라운 속도로 발전해왔다. 컴퓨터가 1초 동안 작업할 수 있는 소수점 연산, 플롭스FLOPS, Floating Point Operations가 급격히 늘어났다. 플롭스는 컴퓨터 성능을 평가할 때 주로 사용

인공지능 관련 논문 수 변화

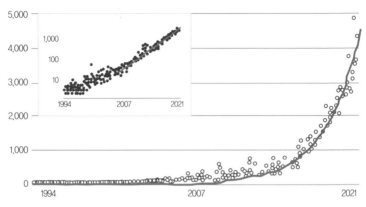

출처 : 앤드리슨 호로위츠

하는 단위다. 이처럼 빠르게 데이터를 처리하고, 학습하고, 추론할 수 있는 초거대 인공지능이 나타났고 기술 발전이 이를 뒷받침했다. 그러다 GPT가 세상에 나오면서 이러한 변화가 촉발된 것이다.

이제 인공지능은 사람이 쓴 글, 목소리, 이미지를 인식하고, 스스로 문제를 분석하여 질문에 최적화된 답을 찾고, 인간의 언어로 우리와 자연스럽게 대화한다. 그리고 마침내 인간의 평균보다 뛰어나다고 평가받는 수준에 이르렀다. 각 분야에서 이루어낸 인공지능의 성과가 이제 융합해 당신에게 완전히 새로운 경험을 주기 시작한 것이다.

심지어 이 변화를 가속시킬 요인들이 하루가 다르게 등장한다.

먼저, 생성 인공지능이 앞서 설명했듯 가게의 점원 역할을 하는 API를 기반으로 빠르게 퍼져나가는 중이다. 오픈AI가 기업용 챗GPT API를 3월에 출시했으니, 이제 이를 활용하여 기업들은 자신의 서비스에 GPT를 연동시킬 수 있다. 한 번쯤 인터넷 신문으로 기사를 보다가 유용한 기사를 카카오톡이나 트위터, 페이스북으로 보내고 다른 사람과 공유한 경험이 있을 것이다. 인터넷 신문기사에 조그마한 표시로 카카오톡, 트위터, 페이스북의 아이콘이 있어서 클릭하면 해당 기사를 공유할 수 있는데, 이 역할을 API가 해준다. 카카오톡을 비롯해 여러 SNS가 많은 사용자를 확보한 요인 중 하나가 바로 API를 개방했기 때문이다.

오픈AI가 API를 개방하자 온라인 장보기 서비스 '인스타카트Instacart'는 기존 모바일 앱을 개선하기 위해 챗GPT API를 구매하고 서비스를 연결 중이다. SNS 기업 스냅챗, 인터넷 쇼핑몰 기업 쇼피파이 등 이를 활용하려는 기업은 계속 늘어나고 있다. API를 사용하는 기업이 늘어날수록 개인 삶에는 즉시 효과가 적용된다. 챗GPT 외에 다른 인공지능 모델들도 모두 API를 개방 중이다. 이제 수많은 사이트나 앱에 들어가면 내가 원하든 원하지 않든 인공지능 챗봇을 계속 만날 것이다.

두 번째 확산 요인은 플러그인Plug in이다. 스마트폰에 비유하자면 마치 앱스토어와 유사한 개념이다. 스마트폰은 기기에 내장되어 있는 기능도 많지만 앱스토어를 통해 많은 서비스를 다운로드 받아 사용할 수 있고, 결국 이러한 앱들이 많을수록 스마트폰의 사용 가치가 더 올라간다.

챗GPT도 본연의 기능만으로 다양한 쓰임이 있지만 여기에 다양한 플러그인을 다운로드 받아서 활용하면 훨씬 더 유용해진다. 챗GPT에 온라인 장보기 서비스, 온라인 예약 서비스 등 다양한 플러그인을 설치하면 이와 연동해서 질문을 하고 답을 얻어 실제 구매나 예약까지 할 수 있는 것이다.

챗GPT에 플러그인이 설치되면 마치 스마트폰에 앱이 설치된 것처럼, 서비스들이 작은 아이콘으로 보이게 된다. 내가 만약 유기농 전문 식당에 가려고 하고, 관련 요리의 재료와 열량이 얼마인지 궁금하다면 챗GPT는 플러그인에 연결된 정보를 활용해 답변을 준다. 플러그인을 통해 챗GPT의 능력이 한층 업그레이드되는 것이다.

이미 2021년 기준, 전 세계 앱 수는 500만 개를 넘어섰다. 500만 개의 앱이 새로운 비즈니스 모델을 만들었고 스마트폰의 가치를 높이며 지금 전 세계 사람들이 사용하고 있지 않은가? 오픈AI는 2023년 3월 23일 플러그인을 발표하고 11개 서비스를 먼저 사용할 수 있도록 했다. 시간이 지나면 플러그인은 몇 개로 늘어날까? 그리고 이를 통해 얼마나 많은 것을 할 수 있고, 어떤 새로운 비즈니스 모델이 나오게 될까?

챗GPT 플러그인에 연동된 다양한 서비스들(2023년 3월 23일 기준)

대생성의 시대에 불을 붙이는 세 번째 요인은 오픈소스다. 다양한 인공지능 언어 모델과 프로젝트들이 진행되며 누구에게나 공개되는 오픈소스는 생성 인공지능의 생태계가 넓어지는 데 기여하고 있다. 대표적으로 허깅페이스huggingface에 이러한 프로젝트들이 공개되어 있고, 누구나 참여해 새로운 아이디어를 덧붙일 수 있다.

스태빌리티AIStability AI도 오픈소스를 통해 인공지능의 민주화를 추구하는 기업이다. 텍스트를 입력하면 원하는 이미지를 그려주는 스테이블 디퓨전Stable Diffusion을 출시했고 이는 오픈소스로 공개되어 있다. 무료로 배포되고 활용할 수 있는 생성 인공지능은 많은 개인에게 접근성을 높일 뿐 아니라 경제적인 면에서도 크게 도움이 될 것이다.

마지막으로, 생성 인공지능 분야에 투자가 확대되고 있다. 고물

가, 유동성 회수, 긴축 등으로 대외경제 여건이 어려운 가운데 2022
년 생성 인공지능 스타트업에 대한 투자는 최고치를 기록했으며
관련 기업의 인수도 110건으로 급증했다.

2021~2022년 생성 인공지능 분야 투자 현황을 살펴보면 이미지
나 영상 등 비주얼 미디어 분야가 가장 많았고 텍스트 생성 분야가
뒤를 이었다. 또한 인간과 인공지능의 상호작용과 인터페이스, 소
리 인식, 코드 생성 등 다양한 분야에 투자가 이루어지고 있다. 생
성 인공지능 분야에 투자가 늘어나며 지속적인 혁신이 나올 수 있
는 기반이 형성되는 것이다.

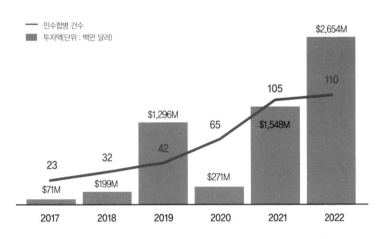

생성 인공지능 분야 인수합병 건수 및 투자액

출처 : CB Insight

시장조사 기관인 그랜드뷰 리서치에 따르면 2022년 101억 달러(약 13조 원)였던 전 세계 생성 인공지능 시장 규모는 연평균 34.6% 성장해 2030년에는 1,093억 달러(142조 원)까지 급성장할 것으로 전망한다.

당신이 수작업하고 있는
이 순간에도

한 달 동안 세상이 바뀌면 얼마나 바뀐다고 이렇게 다들 난리일까 싶다. 생각해보니 2016년에도 이세돌과 알파고의 바둑 대국으로 이렇게 시끄러웠다가 어느새 조용해진 것 같은데, 이번에도 조금 지나면 괜찮지 않을까? 게다가 돌이켜보면 당시 개인의 삶에 큰 변화는 없었던 것 같다. 지금도 도구는 많은데, 이걸로 충분하지 않을까? 많은 개인이 이미 디지털 저작 도구를 활용해 다양한 콘텐츠를 제작하고 있지 않은가? 여태까지 우리는 인공지능 없이도 다양한 디지털 도구의 도움을 받아 텍스트, 음성·소리, 이미지, 영상, 가상공간, 아바타, 가상재화를 생성했다. 한글과 워드로 텍스트를 만들었고, 포토샵과 그림판에 그림을 그렸으며 그림 파일을 블로그나 SNS에 공유했고, 유튜브에 자막까지 넣은 영상을 업로드했다. 제페토라는 가상공간에 들어가서 아바타와 가상재화를 만들어 판매해 돈을 버는 사람도 있다. 왠지 지금의 디지털 도구만으로도 생활하는 데 문제가 없을 것 같다.

2016년 당신이 바둑에 미래를 그리는 중이었다면 충격을 받았겠지만 다른 수많은 분야에서는 인공지능의 위력을 체감하기 어려웠다. 하지만 이번 생성 인공지능 혁명은 바로 나의 실생활과 연관이 있다. 벌써 챗GPT를 사용하는 사람이 단기간에 1억 명을 넘었고, 심지어 매월 돈을 내면서 사용하는 사람도 백만 명을 훌쩍 넘었다. 매일 하는 검색, 파워포인트, 엑셀 등의 문서와 화상회의, 윈도우 등 디지털 생활 곳곳에 인공지능이 연결되어 있다.

지금의 생성 인공지능은 모든 산업과 생활에 적용되는 기반 모델이다. 초거대 인공지능이 엄청난 양의 다양한 데이터를 학습해 똑똑해졌고, 이를 기반으로 질문에 대답하고 감성을 분석하며 정보를 추출하여 제공하고, 이미지와 사물을 인식하고, 올바르게 학습되도록 지도받는다. 모든 산업, 생활 전반에 이러한 기능을 활용할 수 있다.

2016년 당시 이세돌을 이겼던 알파고는 구글의 딥마인드라는 하나의 기업이 만든, 바둑 두는 인공지능이라는 도구였다. 하지만 지금은 다르다. 개인이 매일 사용하는 디지털 도구가 변하고 있다.

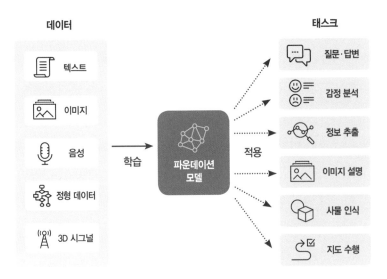

생성 인공지능 기반 모델

데이터

- 텍스트
- 이미지
- 음성
- 정형 데이터
- 3D 시그널

학습 → 파운데이션 모델 → 적용

태스크

- 질문·답변
- 감정 분석
- 정보 추출
- 이미지 설명
- 사물 인식
- 지도 수행

출처 : CRFM 자료 재구성

도구가 또 다른 도구를 만들고 있으며, 새로운 도구의 사용자와 사용처가 계속 늘어나는 중이다. 마이크로소프트의 프로메테우스 말고도 구글, 메타, 바이두, 네이버 등 다수의 선도 기업과 스타트업도 모두 가상의 불을 켜고 있으니 그야말로 '가상도구 대폭발'의 시기가 온 것이다. 마치 5억 4,200만 년 전에 다양한 종류의 동물 화석이 갑작스럽게 출현했던, 지질학적 사건이 벌어진 캄브리아기 대폭발Cambrian explosion 시기처럼 말이다.

인공지능 기업 크리에이티브 AI의 공동창업자였던 사밈 위니거

Samim A. Winiger는 현재 생성 인공지능으로 생겨난 수많은 분야의 다양한 생성 도구들을 캄브리아기 대폭발로 출현한 새로운 종들로 비유했다. 수많은 기업이 수많은 인공지능 도구를 만들고 있다.

그렇다면 이 대폭발에 어떤 가상도구들이 더 생길 것이며 나는 구체적으로 무엇을, 얼마나 생성할 수 있을까?

지금까지 개인이 디지털 도구를 활용하여 다양한 데이터를 생성하는 방식은 대부분 하나하나 정성을 들여서 만드는 수작업에 의존하는 비중이 높았다. 또한 변형도 상대적으로 어렵고, 개인의

생성 인공지능과 캄브리아기 대폭발

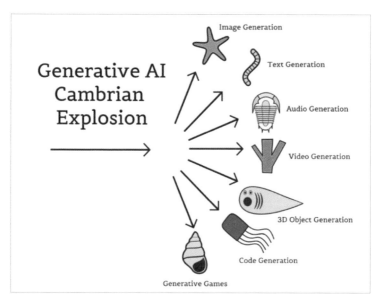

출처 : Samim A. Winiger(2022)

상상력과 창의력을 담아내기도 어려우며 생성할 수 있는 양과 분야도 한계가 분명했다. 이는 한 개인이 블로그에 글을 쓰고, 내가 원하는 그림을 찾거나 직접 그려서 넣고, 편집하고, 원하는 음향을 찾고, 영상을 만드는 과정을 보면 알 수 있다. 현재의 도구로 가능한 디지털 생성의 양과 질, 범위는 제한되어 있는 것이다.

하지만 이제 생성 인공지능이라는 지능화된 도구가 등장하면서 새로운 생성 법칙이 생겼다. 양과 질 측면에서 기존의 한계를 넘어서고, 다양한 분야의 데이터 생성이 가능해진 것이다. 인간의 창의력과 상상력을 생성 인공지능에 프롬프트로 입력하면 과거와 비교도 할 수 없는 빠른 속도로 다양한 형태의 고품질 데이터를 대량으로 생성하는 게 가능하다.

이 생성 인공지능 도구의 가치를 먼저 알아챈 사람들은 이미 도구를 사용하기 시작했다. 이미 텍스트, 이미지, 영상, 코드, 음성, 3D 등을 만드는 생성 인공지능 도구들이 존재하며 지금도 계속 만들어지고 있다. 당신이 수작업하고 있는 이 순간에도 말이다.

지금의 변화는 남의 일이 아니라, 나의 일이다.

내가 하는 일의
가치가 변한다

역사적으로 혁신적인 도구의 출현은 늘 기회와 위험을 동시에 가지고 왔고 경제·사회·문화를 바꾸었다. 이제 나에게 생성 인공지능이란 무엇이며, 어떤 의미가 있는지 진지하게 질문을 던져야 한다. 마치 인류가 처음 돌을 만났을 때 이 돌이 나에게 무엇이며 어떤 의미가 있는지 생각해야 하는 것처럼 말이다.

당신이 타임머신을 타고 1811년으로 돌아갔다고 해보자. 직업은 능력 있는 직조공이다. 1812년 새로운 도구 방직기가 등장하자 당신은 실직 위기에 직면했다. 방직기를 파괴하자는 러다이트 운동Luddite Movement마저 일어났다. 당신에게 방직기란 어떤 의미이며, 어떻게 행동할 것인가?

러다이트 운동의 모습

다시 당신은 타임머신을 타고 1865년으로 이동했다. 이제 당신은 실력을 인정받는 마부다. 1865년에는 적기 조례^{Red Flag Act}가 제정되어 자동차를 포함해 모든 도로 기관 차량은 다음 규정을 지켜야 한다.

차량의 중량은 14톤, 차량의 폭은 2.7미터로 제한된다. 교외에서는 시속 6㎞, 시가지에서는 시속 3㎞ 이상 운행 금지다. 또한 자동차 운행 시 운전사, 기관사, 자동차가 지나가는 것을 알리는 기수 이렇게 세 명의 탑승이 필수다. 기수는 붉은 깃발(낮)이나 붉은 등 (밤)을 들고 자동차 55m 앞에서 마차를 탄 기수에게 자동차가 접근한다는 것을 예고해야 한다.

당신에게 새로 등장한 도구인 자동차는 어떤 의미인가? 마차와 자동차 중 어떤 것을 운전하겠는가?

한 번 더 이동해보자. 1870년으로 돌아간 당신은 '스틸 드라이버'다. 해머로 암반을 깨서 다이너마이트를 삽입할 구멍을 뚫는 일을 하는 당신은 이 분야 최고의 전문가다. 1870년 근무하는 회사에서 스팀 드릴을 시범적으로 도입했다. 스팀 드릴은 구멍을 뚫는 기계다. 새롭게 등장한 혁신적인 도구인 이것은 당신에게 어떤 의미인가? 미국의 노동자 존 헨리John henry는 인간의 일을 기계가 대체할 수 없다며 인간을 대표해 스팀 드릴과 시합에 나섰다. 스팀 드릴과 누가 더 많이 바위에 구멍을 뚫을 수 있는지 대결했고, 헨리가 승리했다. 하지만 승리를 거둔 헨리는 그 자리에서 사망했다. 이후 그의 죽음을 추모하기 위한 동상이 세워지고 영화도 제작되었다.

어쨌든 헨리가 이겼기에 노동자들은 해고당하지 않고 계속 철도 회사에서 근무할 수 있었지만, 몇 년이 지나자 결국 모든 철도 회사가 다수의 노동자 대신 스팀 드릴을 사용했고 존 헨리의 죽음은 잊혀졌다.

당신은 계속 해머를 쥐고 있을 것인가? 아니면 스팀 드릴 사용법을 익힐 것인가?

당신을 계속 힘든 상황에 있게 해서 미안하다. 하지만 역사적으로 새로운 도구가 등장할 때마다 이러한 일들은 계속 반복되었다. 그리고 누군가는 항상 그 고민의 순간에 놓여 있었다. 컴퓨터가 등장했을 때 타자기를 다루는 게 직업이던 사람은 어땠을까? 수기로 장부를 쓰던 사람이 엑셀을 만났을 때 어떤 생각을 했을까?

엑셀과 로터스의 등장으로 장부를 수기로 입력하던 부기 직원의 수는 1985년 200만 명에서 44% 감소했다. 그러나 새 소프트웨어로 수치를 계산할 수 있는 사람들의 수요는 늘어났고 1985년 이후 회계사·감사인의 수는 41% 증가한 180만 명에 달했으며, 1983년 이전에는 존재하지도 않았던 재무 관리자 및 경영 분석가는 거의 4배 증가한 210만 명에 이르렀다.

챗GPT를 개발한 오픈AI와 펜실베이니아 대학교 연구팀은 인공지능이 업무 자동화에 얼마나 영향을 미치는지 조사했다. 연구 결과, 챗봇 GPT 기술이 미국 내 일자리 19%에 심각한 영향을 미칠 수 있다고 발표했다. 연구팀은 미국 주요 직업 데이터베이스를 사용해 1,016개 직업을 목록화하고 직업별로 측정할 업무를 결정했다. 분석 결과 미국 근로자 중 80%는 업무의 10%에 영향을 받고, 그중

19%는 업무의 50%에 영향을 받는 것으로 확인됐다. 연구팀은 과학 및 비판적 사고 능력에 크게 의존하는 직무는 인공지능 기술로 인한 자동화와 상관관계가 적지만, 프로그래밍이나 작문 능력과는 높은 상관관계를 보였다고 밝혔다. 데이터 처리 호스팅, 출판, 보안 상품 계약 등의 업종이 가장 큰 영향을 받을 것으로 분석했고 음식 서비스, 임업 및 벌목, 사회 지원, 식품 제조 등 육체노동 비중이 높은 산업은 상대적으로 영향이 적은 것으로 나타났다. 통역사, 번역가, 시인, 작사가, 작가, 홍보 전문가, 세무사, 회계사, 감사, 언론인도 영향을 많이 받는 직업으로 나왔다.

도구의 발달로 인류의 노동이 기계로 대체되었고, 이제 지식이 대체되고 있다. 이는 곧 내가 하는 일의 가치가 변한다는 것으로 직종과 업무에 따라 기회가 될 수도, 위협이 될 수도 있다는 의미다. 기존에 없던 새로운 직업이 부상할 수도 있다. 기회를 찾기 위해 새로운 역량이 필요한 때가 왔다.

PART
3

인공지능과 공생하는 최초의 신인류

슈퍼 개인이 온다

어쩌면 AI의 민주화라 할 수 있겠다. 누구나 가능하니까.
다만 도구를 쓸 줄 모르는 사람, 쓸 줄 아는 사람.
그 명백한 차이가 존재할 뿐이다.

슈퍼 개인이란
과연 누구인가

미디어 이론의 대가 마셜 매클루언은 "인간은 도구를 만들고, 도구는 다시 인간을 만든다"라고 말했다. 안경, 현미경, 망원경은 인간이 지닌 시력의 한계를 극복하기 위한 도구이고, 자전거와 지팡이와 휠체어는 다리의 기능적 한계를 극복하기 위한 도구다. 인류는 신체와 정신적 한계를 보완하거나 키우기 위한 수단으로 다양한 도구를 발명해왔고, 도구를 활용해 자신이 가진 능력의 한계를 극복하며 새로운 인간으로 다시 태어났다. 톱과 망치 등 다양한 도구가 발명됨으로써 목수라는 직업이 탄생했고, 유튜브라는 도구로 유튜브 크리에이터, 제페토 스튜디오라는 도구로 제페토 크리에이터라는 직업이 생겼다.

이제 다양한 분야의 생성 인공지능 도구가 폭발적으로 증가하면서 디지털 생성의 법칙이 바뀌고 있다. 새로운 도구가 등장함으로써 새로운 직업이 등장했듯, 생성 인공지능 혁명으로 기존에 존재하지 않던 슈퍼 개인이 등장할 것이다. 과거 개인이 지닌 한계가 생성 인공지능 도구로 극복되며 이전에 할 수 없었던 불가능한 디지털 생성이 가능해졌으니 말이다.

생성 인공지능 혁명의 시대, 슈퍼 개인은 어떤 사람인가?

먼저, 슈퍼 개인은 생성 인공지능 도구를 활용하여 비트^{bit}를 자유자재로 다룰 수 있는 사람이다. 말 그대로 비트를 갖고 노는 사람이다. 디지털 세상은 정보의 최소 단위인 0 아니면 1인 비트로 구성되어 있다. 비트가 연결되어 텍스트, 디지털 소리·음성, 이미지와 영상을 만든다. 또한 3D 가상공간과 객체뿐 아니라 가상인간까지 만든다. 디지털 요소들이 조합함으로써 수많은 영역에서 디지털 창작물이 창작되는 것이다. 기존의 개인은 생성할 수 있는 비트의 양, 질, 범위, 그리고 생성 속도 측면에서 모두 한계를 지녔다. 그 많은 디지털 요소를 모두 만들기에는 시간과 비용도 부족하고, 디지털 저작 도구를 지원받는 데도 한계가 있었다.

하지만 이제 개인의 상상력과 창의력을 프롬프트로 입력하면 다양한 생성 인공지능 도구의 도움을 받아 이 모든 디지털 요소들

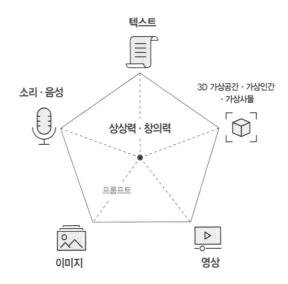

슈퍼 개인의 생성 프레임

- 텍스트
- 소리 · 음성
- 3D 가상공간 · 가상인간 · 가상사물
- 상상력 · 창의력
- 프롬프트
- 이미지
- 영상

을 자유자재로 다룰 수 있다. 내가 원하는 디지털 요소들을 빠르고 다양하게 생성하고 활용하는 게 가능해진 것이다.

누군가 당신에게 다음과 같은 가상공간을 만들어 달라고 부탁했다고 하자.

갈매기들이 날아다니고 파도 소리가 들리는 작은 섬이다. 비치가 있고, 테이블 위에는 라디오가 있으며, 음악 소리도 들린다. 섬에는 야자수가 있으며, 건너편에 다른 섬도 보인다.

제한 시간은 1분 30초.

1분 30초 만에 가상공간을 만들라고? 당신은 매우 불편한 표정을 지을 것이다. 생성 인공지능을 알기 전까지는 말이다.

2022년 2월 메타는 생성 인공지능 도구, '빌더봇Builder Bot'의 데모를 공개했다. 이제 당신은 빌더봇에게 가상공간 속 바다 위에 작은 섬과 구름을, 또 잔디밭과 야자수 그늘, 피크닉 테이블을 만들라고 음성으로 명령을 할 수 있다. 또한 갈매기와 파도 소리도 넣고, 라디오를 만들고 음악을 나오게 해 어느새 가상공간을 완성한다. 소요 시간은 1분 30초. 3D 가상공간, 다양한 3D 객체, 디지털 사운드 등 많은 디지털 요소를 생성했다. 언제든 이미지를 추가할 수 있고, 원하는 영상도 넣을 수 있으며, 가상인간도 등장하게 할 수 있다. 당신은 비트를 자유자재로 다루는 슈퍼 개인이 된 경험을 잠시 해본 것이다.

두 번째로, 슈퍼 개인은 생성 인공지능 도구로 생산성을 극강으로 높일 줄 아는 사람이다. 생성 인공지능을 활용하면 비용을 극적으로 낮출 수 있다. 실리콘밸리의 유명 벤처투자 기업 앤드리슨 호로위츠Andreessen Horowitz와 크리에이티브AI 공동창업자 사밈 위니거는 생성 인공지능 덕에 디지털 콘텐츠 제작 비용이 결국 0에 수렴

메타의 생성 인공지능, 빌더 봇 활용 전(좌)·후(우) 모습 비교

출처 : 메타

할 것이라 언급했다. 챗GPT는 유료 버전이 존재하지만 대부분 무료 버전으로 사용되고 있으며, 이미 이를 통해 어마어마한 텍스트가 생성 중이다. 텍스트를 입력하면 원하는 이미지를 그려주는 스테이블 디퓨전도 오픈소스로 누구나 사용할 수 있으며, 그 기능은 매일 매일 업그레이드되고 있다. 모든 생성 인공지능 도구가 무료로 제공되지는 않지만, 생성 인공지능 도구가 더 많아질수록 경쟁은 심해지고 사용자는 더 낮은 가격으로 더 양질의 디지털 생성이 가능해진다. 또한 생성 인공지능을 무료로 제공하고 플랫폼에 사람들이 모이게 하여 광고 등 다른 수익원으로 수익을 창출하는 모델들도 지속해 등장할 전망이다.

2023년 3월, '1980~1990년대 홍콩의 사진들'이 인터넷에서 화제였다. 실제 당시 홍콩의 모습을 담은 사진인 줄 알았는데 알고 보니 스테이블 디퓨전이 그럴싸하게 생성한 사진이었던 것이다.

생성 AI 스테이블 디퓨전이 만들어낸 1980~1990년대 홍콩 모습

스태빌리티AI CEO인 에마드 모스타크Emad Mostaque는 '생성 인공지능 컨퍼런스 2023'에서 다음과 같이 언급했다. "스태빌리티AI는 여러 영화 스튜디오와 일을 한다. 곧 개봉할 영화에서 1970년대 여성 사진으로 가득 찬 책을 만드는 장면이 있었다. 이러한 작업은 보통 3일간 배우들과 함께 촬영하는데 비용이 하루에 35만 달러(약 4억 원)가 든다. 그런데 영화 담당자가 스테이블 디퓨전을 이용해서 이 작업을 하룻밤 사이에 60달러(약 8만 원)로 끝냈다." 생성 인공지능이 비용을 극적으로 낮추고 있는 한 사례다.

또한 아크인베스트가 진행한 연구에 따르면, 인공지능은 약 1분 만에 그래픽 디자인 작업을 해낼 수 있고 비용도 8센트 정도밖에 들지 않는다고 한다. 사람이 작업하는 경우 약 5시간에 150달러가 소요됐다는 점을 고려하면 생산성 차이는 매우 크다.

실제로 생성 인공지능 도구들은 지식근로자의 생산성도 개선해

주고 있다. 예를 들어 오픈AI의 기술을 이용해 만든 깃허브^{GitHub}의 인공지능 코딩 보조도구 '코파일럿' 프로그램을 사용하면 코딩 시 생산성이 약 2배 향상된다.

코딩 생성 인공지능 서비스를 만드는 기업 리플릿의 CEO 암자드 마사드^{Amjad Masad}는 "개발자의 생산성이 10배에서 200배까지 향상될 수 있으며 생성 인공지능 덕분에 앞으로 1인 유니콘으로 성장하는 사례를 볼 수도 있을 것이다"라고 언급했다. 생성 인공지능으로 인한 생산성 혁신이 슈퍼 개인을 만들어 1인 유니콘 기업으로 성장할 수 있다고 본 것이다.

세 번째로, 슈퍼 개인은 생성 인공지능 도구로 자신의 영역을 확장하며 열정을 생성하는 사람이다. 사람은 누구나 관성이 있다. 자신이 해오던 일을 더 잘하고 싶어하고, 위험과 실패에 대한 걱정으로 낯선 분야에 뛰어들지 못한다. 슈퍼 개인은 생성 인공지능 도구를 활용해 위험을 줄이면서 시도해보지 못했던 웹툰 작가, 디지털 음원 생성, 디지털 출판, 디자이너, 코딩 등 새로운 분야에 도전하며 가치를 창조해내는 사람이다. 생성 인공지능은 다양한 창작 분야에서 장벽을 제거한다. 코딩을 할 줄 모르던 사람이 소프트웨어를 만들고 인공지능과 대화하면서 코딩하는 법을 배울 수 있다. 생성 인공지능 덕분에 모든 사람이 디자이너, 개발자가 될 수 있는 시대가 열리는 중이다. 슈퍼 개인은 이러한 기회를 감지하고 도전하는 사람이다.

즉 생성 인공지능 혁명 시대의 슈퍼 개인이란, 새로운 도구를 활용해 자신의 한계를 극복하고 새로운 도전과 열정을 생성하는 사람이라 할 수 있다.

인공지능과 소통하는 주문, 프롬프트

영화 〈해리 포터〉에서는 '루모스^{Lumos}'라는 마법을 쓰면 지팡이에서 빛이 발생한다. 이때 마법 지팡이를 제대로 쓰려면 주문을 정확히 숙지하고 있어야 한다. 생성 인공지능 도구가 마법의 지팡이라면 주문은 프롬프트다. 비트를 자유자재로 다루는 슈퍼 개인이되기 위해서는 프롬프트를 잘 이해할 필요가 있다. 프롬프트는 인간과 인공지능 간 소통을 원활하게 해주는 매개체 역할을 하기 때문이다.

프롬프트는 인공지능이 생성하는 결과물의 방향성과 내용을 결정하는 역할을 하므로, 어떠한 프롬프트가 입력되는지가 매우 중요하다. 프롬프트로 인공지능이 생성하는 내용을 특정 주제나 스타일, 감정 등에 맞게 조절할 수 있을 뿐 아니라 프롬프트를 조금씩 바꾸면서 다양한 결과를 얻는 게 가능하다. 제대로 된 마법 주문이 멋진 마법을 만들듯, 프롬프트도 입력을 잘해야 멋진 생성 결과가 나오는 것이다.

프롬프트를 작성할 때는 목적에 맞도록 적절한 형태와 언어를 선택하는 것이 중요하다. 몇 가지 프롬프트를 살펴보자. 가장 기본적인 형태가 질문형 프롬프트Question Prompts다. 챗GPT에게 "생성 인공지능이 무엇인가요?"라는 프롬프트를 입력했더니 다음과 같은 텍스트가 답변으로 생성되었다. 일반적으로 가장 많이 활용되는 형태이며 구체적으로 질문할수록 답변도 명확해진다. 프롬프트와 관련된 문맥이나 배경 정보를 추가하면 답변이 더욱 풍부해질 수 있다.

프롬프트   생성 인공지능이 무엇인가요?

결과   생성 인공지능은 인공지능 분야에서 주목받고 있는 기술 중 하나로, 주어진 데이터를 기반으로 새로운 데이터를 생성하는 기술입니다. 이를 통해, 사람들은 새로운 이미지, 음악, 글, 비디오 등을 생성할 수 있습니다.

생성 인공지능 기술은 딥러닝(Deep Learning)이나 강화학습(Reinforcement Learning) 등을 이용하여 모델을 학습시키고, 학습된 모델을 사용하여 새로운 데이터를 생성합니다. 예를 들어, 생성 인공지능 모델은 기존에 존재하는 이미지나 음악을 분석하여 그것을 기반으로 새로운 이미지나 음악을 만들어 냅니다.

생성 인공지능 기술은 주로 예술, 디자인, 음악, 영화, 게임, 마케팅 등의 분야에서 활용됩니다. 또한 이 기술은 새로운 제품 개발, 시뮬레이션, 의료 등 다양한 분야에서도 사용할 수 있습니다. 그러나 위조물 제작, 딥페이크(Deep Fake) 등과 같은 문제가 생길 수도 있으므로, 적극적인 대처와 규제가 필요합니다.

완성형 프롬프트Completion Prompts는 인공지능이 주어진 문장이나 단락을 완성하도록 프롬프트를 입력하는 것이다.

챗GPT에게 "책은 사람들에게 ( )을 준다"라고 입력하고 괄호에 들어갈 단어 다섯 개를 요청해보았다. 물론 그 이상도 가능하다. 챗GPT가 순식간에 문장에 어울리는 단어 다섯 개를 생성하고 설명해준다. 완성형 프롬프트를 작성할 때는 문장의 종류와 문법을 고려해 작성하는 게 좋다.

완성형 프롬프트는 인공지능의 창의성을 끌어올리기 위해 사용되기도 하므로, 조금 어색하거나 예상치 못한 문장을 포함할 수 있다. 또한 생성 인공지능의 종류에 따라 음악, 미술 등 다양한 분야에서 매우 유용하게 활용 가능하다. 완성되지 않은 작가의 글, 미술가의 그림, 음악가의 음악 등에 완성형 프롬프트를 활용하는 방안을 생각해볼 수도 있다.

프롬프트 책은 사람들에게 (   )을 준다. (   )에 들어갈 단어 다섯 개를 부탁드립니다.

결과 책은 사람들에게 다양한 것들을 제공합니다. 다음은 그 예시입니다.

1. 지식Knowledge — 책은 우리에게 새로운 지식과 정보를 제공합니다. 역사, 과학, 철학, 예술 등 다양한 분야에서의 지식을 습득할 수 있습니다.

2. 경험Experience — 책은 우리에게 다양한 경험을 제공합니다. 소설, 시, 에세이 등을 읽으면서 주인공의 삶을 경험하거나, 작가가 그려낸 상상 속의 세계를 탐험할 수 있습니다.

3. 영감Inspiration — 책은 우리에게 영감을 줄 수 있습니다. 새로운 아이디어를 생각해내거나, 새로운 시각을 갖도록 해줄 수 있습니다.

4. 감동Emotion — 책은 우리에게 감동을 줄 수 있습니다. 주인공의 이야기나 메시지를 통해 우리의 감정을 자극하고, 생각을 이끌어낼 수 있습니다.

5. 편안함Comfort — 책은 우리에게 편안함을 제공할 수 있습니다. 스트레스를 푸는 데 도움을 주거나, 일상에서 탈출하여 휴식을 취할 수 있는 시간을 마련해줄 수 있습니다.

부분을 완성하는 형태가 아닌, 전체 이야기를 구성해주는 스토리텔링 프롬프트Story telling Prompts 형태도 있다. 이 유형은 생성 인공지능이 이야기를 작성하도록 하는 것이다. 첫 문장이나 주어진 상황을 제시하면 그것을 기반으로 인공지능이 이야기를 생성한다. 첫 문장을 가능한 한 간결하고 논리적으로 작성해야 하고, 이야기와 관련된 문맥이나 배경 정보를 추가하여 더욱 풍부한 이야기를 생성할 수 있도록 하는 게 좋다.

역할극 형태의 프롬프트Role playing Prompts도 유용하게 활용할 수 있다. 이 유형의 프롬프트는 참여자에게 역할을 부여하여 대화를 나누도록 하게 한다. 연극, 영화 등 대본이 필요한 분야를 창작할 때도 활용할 수 있을 것이다.

이상에서 언급한 프롬프트는 기본적인 형태일 뿐이다. 수많은 아이디어와 새로운 형태로 조합된 프롬프트는 새로운 주문이 되어 다양한 마법을 생성한다. 이미지, 영상, 가상공간 등 생성 대상은 무궁무진하다. 앞으로는 내가 원하는 결과를 얻기 위해 프롬프트를 능수능란하게 다룰 수 있는 역량이 필요해질 것이다.

도구를 유용하게 하는 도구들

이제 수많은 생성 인공지능 도구들을 만날 때마다 우리는 텍스트 혹은 음성으로 프롬프트를 입력해야 한다. 그런데 막상 창에 커서가 깜빡이면 어떻게 시작해야 할지 막막할 수 있다. '이런 프롬프트를 잘 만들어 놓은 데 어디 없나?' 하는 생각이 자연스럽게 들 것이다.

AIPRM이라는 소프트웨어를 챗GPT와 결합하면 기존에 만들어 놓은 다양한 프롬프트를 활용할 수 있다. 크롬 웹스토어에 접속해 스토어 검색에 'AIPRM'을 입력하면, AIPRM for ChatGPT라는 확장 프로그램이 보인다. 설치 후 챗GPT를 실행하면 화면이 바뀌어 있다.

이제 다양한 목적으로 만들어진 프롬프트를 고르기만 하면 된다. 화면 상단을 보면 토픽Topic, 활동Activity, 분류Sort by, 검색Search 메뉴가 보인다. 어떠한 주제로 사용할 것인지 찾아 프롬프트를 입력할 수 있는데, 이미 다양한 분야의 많은 사람이 만들어 놓은 프롬프트가 있다. 예를 들어 미드저니 프롬프트 생성기는 텍스트를 입력하면 그에 맞는 그림을 그려주는 '미드저니'라는 생성 인공지능에 입력할 프롬프트를 만들 때 도움을 준다는 의미다.

생성 인공지능이라는 키워드를 활용해서 블로그에 글도 쓰고, 영상도 제작해 유튜브에 올리고 싶다고 가정해보자. 그때 관련 단어를 어떻게 검색할지, 어떠한 콘텐츠가 있는지 누군가 분류해서

챗GPT AIPRM 연결화면

설명해주면 정말 고마울 것이다. 프롬프트 카테고리에서 '키워드 전략Keyword Strategy'이라는 항목을 클릭하자. 클릭하면 프롬프트 창이 검은색으로 들어와 있는 것을 볼 수 있을 것이다. 선택되었다는 의미다. 이제 프롬프트 창에 '생성 인공지능Generative AI'을 입력해보자. 그러면 챗GPT가 생성 인공지능과 관련한 주요 키워드는 물론, 어떠한 의도로 검색되고 있는지, 그리고 콘텐츠의 제목과 설명까지 덧붙여준다.

물론 이는 하나의 예시로 생성 인공지능 도구 사용자가 프롬프트를 잘 작성할 수 있도록 많은 표현을 제공해주는 곳도 있다. 텍스트를 입력하면 그림을 그려주는 생성 인공지능 도구 노블Novel AI는 태그 생성기라는 정보를 제공한다. 만약 내가 어떤 인물을 디지털로 그리고 싶고 머릿속에 있는 인물을 구체적으로 표현하고 싶은데 마땅한 표현이 떠오르지 않는다면 태그 생성기에서 도움을 얻을 수 있다. 인물과 동작을 프롬프트에 입력하기 위한 다양한 표현을 활용하면서 생성 결과를 내가 원하는 형태로 바꾸어갈 수 있다. 이렇듯 시작이 막막하다면 기존에 만들어진 형태를 먼저 써보고 나만의 프롬프트를 새롭게 생성해가보자.

프롬프트가 목적에 맞는 생성 결과물을 만드는 데 중요한 역할을 하니 가치가 생기고, 이를 거래하고 중개하는 사업자도 등장했다. 프롬프트 거래소가 등장한 것이다. 2022년 7월 한 개에 불과하

노블AI 태그 생성기

출처 : https://novelai.app/

던 온라인 프롬프트 마켓플레이스는 2023년 3월 열네 개로 늘어났다. 가장 먼저 만들어진 프롬프트 마켓플레이스는 '프롬프트베이스PromptBase'다. 프롬프트베이스에서 구매자는 인기순, 생성 인공지능 도구별, 분야별 프롬프트로 검색해 구매할 수 있다. 또한 개인도 멋진 프롬프트를 제작해 판매할 수도 있다. 2023년 초까지 이곳에서 2만 5,000명 이상이 프롬프트를 사고팔았으며, 현재 약 700명이 프롬프트를 판매 중이다.

이외에도 챗XChatX, 뉴트론필드NeutronField, 프롬프트시PromptSea 등 다양한 프롬프트 거래소가 존재한다. 챗X의 건당 판매 가격은 1.1달러이며 챗X의 자체 테스트를 통과하면 마켓에 등록되고 작성자에게 39캐나다 달러를 지급한다. 프롬프트가 판매되면 챗X는 10%의 수수료를 가져간다. 챗X에 로그인하면 챗GPT, 스테이블 디퓨전, 달리 등 생성도구에 필요한 프롬프트를 구매할 수도 있고, 판매도 가능하다.

다양한 프롬프트를 사고팔 수 있는 프롬프트베이스

경험을 표현하는 것이
새로운 창의력이다

메타버스가 주목받자 제페토와 로블록스에서 메타버스 크리에이터라는 직업이 등장했다. 이미 억대 연봉자가 되어 메타버스에서 전업으로 활동하는 이들도 많다. 2022년 말 기준, 누적 가입자 수가 3억 4,000만 명에 달하는 제페토에서 활동하는 크리에이터 수는 283만 명이다. 이들은 제페토 내 가상 아이템 저작도구인 제페토 스튜디오를 통해 약 1억 8,400만 개 아이템을 판매했고, 300억 원 이상 아이템 거래액을 기록 중이다.

이처럼 새로운 혁신은 산업과 사회에 새로운 변화를 일으키는 동시에 직업에도 많은 영향을 준다. 새로운 변화로 돈이 되는 새로운 직업도 생긴다. 대표적인 것이 프롬프트 엔지니어라는 직종이다.

600여 명이 일하는 영국의 대형 로펌 미시콘 데 레야^Mishcon de Reya 는 다음과 같은 채용공고를 냈다. "챗GPT와 제대로 대화할 수 있는 사람을 구합니다. 법학 학위 보유자 우대."

챗GPT는 인간과 인공지능이 텍스트로 상호작용하는 텍스트 기반의 인공지능 도구다. 프롬프트 엔지니어가 주목받는 이유는 입력한 명령어에 따라 산출되는 결과물이 완전히 다르게 나올 수 있기 때문이다. 유능한 프롬프트 엔지니어일수록 초거대 인공지능에서 많은 정보를 빠르게 획득하고 활용할 수 있고 인공지능이 진화할수록 이 역량이 중요해지는데, 이러한 움직임이 이미 채용시장에서 나타나는 것이다.

미시콘 데 레야에 채용된 프롬프트 엔지니어는 초거대 인공지능을 법률 분야와 접목하여 실제 비즈니스에 적용할 수 있도록 지원하는 업무를 수행하며, 이를 위해 사용되는 프롬프트를 개선하고 평가하는 일, 그리고 윤리와 규제 관련 일도 맡는다. 법학에 관한 지식과 학위가 있으면 좋지만 필수사항은 아니며 초거대 인공지능에 관한 기술적 이해, 뛰어난 문제 해결 능력과 창의적이고 독립적으로 작업할 수 있는 능력, 의사소통 및 대인관계 기술, 변호사 및 기타 이해관계자와 효과적으로 업무를 수행할 수 있는 능력, 혁신에 대한 열정과 법률 산업에 실질적인 영향을 주겠다는 열정을 필요 요건으로 제시했다.

프롬프트 입력을 '그냥 필요한 텍스트나 말을 넣으면 되는 거 아닌가?'라고 생각할 수도 있지만, 상당한 노력과 시간이 필요하다. 2022년 8월 개최된 미술대회의 디지털아트 부문에서 우승한 '스페이스 오페라 극장'의 작가는 전문 화가가 아닌 게임 기획자 제이슨 앨런이었다. 《뉴욕 타임스》의 보도에 따르면 앨런은 텍스트를 입력하면 그림을 그려주는 생성 인공지능 도구인 미드저니로 그림을 그렸는데, 제작 과정에서 미드저니에 900번이 넘는 지시어를 입력하며 80시간을 보낸 끝에 이 그림을 만들어냈다고 한다. 앨런은 당시 자신이 입력한 프롬프트 공유를 거부했다.

현재 업워크Upwork 등 다양한 채용 플랫폼에 프롬프트 엔지니어를 찾는 수요가 계속 늘고 있다. 구글의 투자를 받은 인공지능 기업 앤스로픽Anthropic도 프롬프트 엔지니어 구인 공고를 게시했다. 인재상은 창의적인 해커 기질이 있으며 문제 풀기를 좋아하는 사람이다. 소통 능력이 뛰어나야 하며 최소한의 프로그램 개발 역량을 요구했다. 그렇다면 이 직군은 연봉이 최대 얼마나 될까? 그들이 제시한 연봉은 최대 33만 5,000달러(약 4.3억 원)다.

국내 기업도 마찬가지다. 인공지능 콘텐츠 생성 전문 뤼튼테크놀로지스도 프롬프트 엔지니어를 공개 채용한다고 밝히면서 1억 원의 연봉을 제시했다. 뤼튼은 챗GPT와 같은 생성 AI 기술을 활용해 블로그, 이메일 등 다양한 형식의 글을 작성해주는 플랫폼을 운

An A.I.-Generated Picture Won an Art
Prize. Artists Aren't Happy.

"I won, and I didn't break any rules," the artwork's creator says.

출처 : 《뉴욕 타임스》

영 중이다. 실제 채용 공고를 보면 코딩 능력이 필수는 아니며 다양한 생성 도구들과의 상호작용 경험과 창의력을 더 중시한다. 주어질 사전 과제 역시 사용자 입장에서 어떠한 질문을 던질 것인가, 후속 질문은 무엇이며, 어떤 정보와 결합해야 하는가에 대한 이해가 필요함을 알 수 있다. 인공지능 기업 '스케일AI'에서 프롬프트 엔지니어로 일하는 라일리 굿사이드는 "프롬프트 엔지니어는 인간과 기계의 마음이 만나는 장소에서 소통하는 방식을 찾는 사람이며, 인간이 추론할 수 있고 기계가 따를 수 있는 언어를 만드는 이 직업은 사라지지 않을 것"이라고 말했다.

물론 반대 시각도 존재한다. 현대 언어학의 최고 거장인 노엄 촘스키Noam Chomsky는 챗GPT와 같은 생성 언어 모델 기반의 인공지능에 대해 부정적 의견을 제시했다. 촘스키는 "챗GPT와 같은 챗봇은 코드를 작성하거나 여행을 계획하는 데는 유용할 수 있지만, 독창적이고 심층적이며 잠재적으로 논쟁의 여지가 있는 토론은 결코 할 수 없을지도 모른다. 비록 초기 단계지만 인간 지능과 동등하거나 능가할 수 있는 AI는 아직 멀었다"고 말했다.

또한 인터넷 검색 서비스가 등장했을 때 인터넷 검색 자격증도 생기며 주목받았으나 지금은 그 의미가 퇴색했다는 의견도 존재한다. 하지만 중요한 건 인터넷 시대에 검색 역량은 이미 필수라는 것이다. 고액 연봉을 받든, 필수 역량이 되든 새로운 미래가 시작되고 있음에 유의할 필요가 있다.

현재 프롬프트 역량을 보유한 플랫폼 스타트업들이 막 출현 중이며, 이들 중 투자유치를 통해 새롭게 비상할 기업이 생길 것이다. 규모는 작지만 이 기업들이 성장하는 모습에서 새로운 투자 기회를 찾는 노력도 필요할 것이다.

혁신은 돈의 흐름을 변화시킨다. 또한 혁신은 기존 직업을 대체·보완·변형시키며 새로운 경제를 형성한다. 초거대 인공지능이 만드는 대생성의 시대, 원하는 결과를 얻기 위해서는 올바른 질문을 하고 소통하는 프롬프트 역량이 매우 중요하다. 각 개인이 자신의 전공과 다양한 경험을 프롬프트의 형태로 표현할 수 있는가는 이제 슈퍼 개인으로서 거듭나기 위해 갖추어야 할 필수 역량으로 자리할 것이다.

1인 유니콘도 꿈이 아니다

생성 AI는 크리에이터와 아티스트가 100배 이상의 생산성을 실현할 수 있는 강력한 도구가 될 것이다.

2023 게임 개발자 콘퍼런스Game Developers Conference, GDC에서 글로벌 메타버스 기업 유니티Unity의 마크 휘튼Marc Whitten 수석부사장이 한 말이다. 생성 AI는 매우 강력한 기술 집합체로 그동안 알려지지 않은 방식으로 세상을 크게 변화시킬 것이며, 게임 개발 문턱은 더욱 낮아지고 많은 크리에이터가 시장에 진입하리라고 본 것이다. 휘튼은 가상인간 제작을 예시로 들었다. 과거에는 인간과 꼭 닮은 가상인간을 제작하기 위해 여섯 아티스트가 4~5개월 동안 밤 새야했

다면, 이제 생성 AI를 활용해 몇 분 만에 작업을 끝낼 수 있다.

1998년 1월 가요계에 디지털 충격을 선사했던 사이버 가수 아담을 기억하는가? 1집 앨범은 무려 20만 장이 팔렸고, 광고도 촬영했으며, 실제 팬클럽도 존재했다. 그러나 아담은 2집이 실패하자 '컴퓨터 바이러스로 인한 사망설', '군입대설' 등을 남기고 사라졌는데 실제 사라진 이유는 기술력과 비용 때문이었다. 당시 AI와 3D 기술 등으로 아담을 만드는 데 한계가 있었던 것이다. 대여섯 명이 두 달을 밤새 작업해야 2~3분짜리 영상 하나를 제작할 수 있었고, 개발 비용도 수천만에서 억 단위에 이르렀다. 그런데 이제 그것을 혼자서 몇 분 만에 끝낼 수 있다니. 격세지감이자 말 그대로 100배의 생산성이다.

휘튼은 가상공간의 제작방식도 이전과 다르다고 설명했다. 숲을 가상으로 만든다고 한다면, 보통 나무를 하나하나 심는 것부터 생각하지만 이제는 그렇지 않다. 숲에서 일어나는 일련의 현상을 관찰하고, 숲의 변화를 하나하나 사진으로 찍고 데이터를 축적한 뒤 전체를 구성하고 이후 세밀한 작업을 한다고 설명했다. 크리에이터가 인위적으로 가상공간에 나무를 하나씩 배치하는 방식이 아닌 것이다. 이제는 나무 사이로 비치는 햇살과 그 햇살이 비치지 않은 면의 그림자, 시시각각 변하는 자연광의 효과가 숲의 전체 윤곽에 미치는 영향 등을 분석하고 시뮬레이션을 통해 나무가 수백 년

간 성장하면서 숲을 이루는 과정을 AI가 생성한다. 가상공간의 제작 방식뿐 아니라 시간과 비용이 혁명적인 수준으로 바뀌고 있다.

글로벌 투자 전문 기업 앤드리슨 호로위츠는 모든 엔터테인먼트 중에서 게임이 생성 AI에 가장 크게 영향을 받을 것으로 전망한다. 게임은 2D와 3D, 음악, 대화 등 수많은 디지털 자산 유형이 복합적으로 사용되는 엔터테인먼트다. 게임은 실시간 경험이 중요하며, 그 안에서 다양한 상호작용이 일어난다. 이러한 이유로 게임 개발은 진입 장벽이 높으며 많은 인력과 비용이 수반되는 분야다.

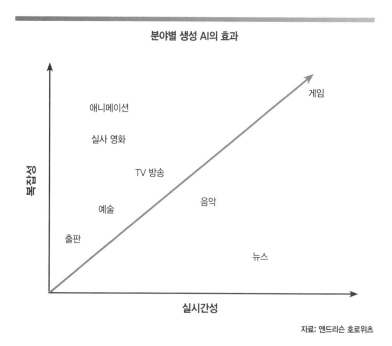

분야별 생성 AI의 효과

자료: 앤드리슨 호로위츠

그렇기에 생성 AI가 혁신을 일으킬 수 있는 최적의 분야이기도 하다. 기존의 법칙을 모두 바꿀 테니까 말이다.

　게임을 제작하는 데는 돈이 얼마나 들까? 일괄적으로 말할 수는 없지만, AAA급으로 분류되는 이른바 블록버스터 게임의 제작비는 엄청난 수준이다. 락스타게임즈의 〈GTA5〉가 약 2,800억 원, CD 프로젝트 레드의 〈사이버펑크 2077〉은 약 3,500억 원, 클라우드 임페리엄 게임스의 〈스타 시티즌〉은 약 5,700억 원이 투입되었다고 한다. 게임 개발 측면에서 그래픽 구현은 매우 까다롭고 노동 집약적으로 진행되었다. 2000년대만 해도 한 명의 그래픽 디자이너가 캐릭터 하나를 처음부터 만든 후 이를 게임 속에 적용해도 큰 문제가 없었지만, 이제 AAA급 게임에서는 캐릭터 하나를 만들 때 콘셉트 디자인, 모델링, 텍스처, 셰이더, 모션캡처 등 각기 다른 분야의 전문가들이 모두 참여한다.

　〈레드 데드 리뎀션 2$^{Red Dead Redemption 2}$〉은 제작비가 6,000억 원에 달하는 블록버스터 게임으로, 아름다운 가상 세계를 실감 나게 구현했다. 개발 기간만 8년 가까이 들었고 1,000명 이상의 NPC$^{비(非)플레이어 캐릭터}$, 성우, 약 30평방 마일의 월드, 여섯 개 장으로 구성된 100개 이상의 게임 미션, 100명 이상의 뮤지션이 만든 60시간 분량의 음악 등 정말 스케일이 방대한 게임이다.

　앤드리슨 호로위츠는 〈레드 데드 리뎀션 2〉와 마이크로소프트

레드 데드 리뎀션 2

자료: Rockstar Games

의 〈플라이트 시뮬레이터Flight Simulator〉를 비교하면 생성 AI의 사용이 얼마나 큰 차이를 만드는지 알 수 있다고 강조한다. 마이크로소프트의 〈플라이트 시뮬레이터〉에서 플레이어는 지구 전체, 즉 1억 9,700만 평방 마일을 비행할 수 있다. 이 거대한 게임을 제작할 수 있었던 것은 바로 AI를 활용했기 때문이다. 마이크로소프트는 블랙샤크Blackshark.ai와 협력해서 2D 위성 이미지를 활용해 사실적인 3D 세계를 생성하도록 AI에게 학습시켰다. 지구 전체라는 방대한 가상공간을 만들고, 빠르게 수정하는 방법은 생성 AI를 활용하는 것이다. 많은 사람이 달라붙어서 노동 집약적으로 만들 수 있는 규

마이크로소프트의 〈플라이트 시뮬레이터〉

모는 아니다.

　생성 AI로 게임 개발은 과거보다 진입 장벽과 제작 비용이 낮아져 더 혁신적이고 창의적인 게임이 폭발적으로 증가하는 새로운 '황금기'가 시작될 것으로 전망한다. 앤드리슨 호로위츠는 이러한 변화를 주도하는 주체를 '마이크로 게임 스튜디오'라고 표현했다. 마이크로 게임 스튜디오는 생성 AI 도구와 서비스로 무장한 직원 한두 명으로 구성된 소규모 기업인데, 이러한 기업이 증가하고 이들이 만드는 게임의 규모와 범위가 점점 커진다는 것이다. 또한 생성 AI를 활용하여 마이크로소프트의 비행 시뮬레이터와 같이 실시간 생성을 활용하는 새로운 장르가 탄생할 것으로 예측한다. 이러한 변화는 게임에만 국한되지 않을 것이다. 생성 AI를 활용해서 새롭게 창작할 수 있는 영역은 많다.

마이크로 [게임] 스튜디오

[ ] 안에 게임 대신 들어갈 말들을 생각해보자.

웹툰, 영화, 음악, 사진, 출판, 미디어, 마케팅, 교육, 방송, 라디오, 메타버스……. 모두 생산성을 100배 높여서 유니콘 기업의 꿈을 시도해볼 수 있는 분야다. 생성 AI 기업 리플릿의 CEO 마사드가 생성 AI 덕분에 앞으로 '1인 유니콘'이 성장하는 사례를 볼 수도 있다고 언급한 이유가 바로 여기에 있다.

2023년 3월에는 세계 최초로 AI로 운영하는 라디오 방송국이 등장했다. AI로 지역 뉴스와 교통 정보 및 날씨 등을 검색하고 수집해 GPT로 방송용 대본을 작성하고 AI 음성으로 방송이 송출되는 방식이다. 엑시오스는 AI로 구동하는 라디오 플랫폼 '라디오 GPT'를 개국했다고 발표했다. 최대 세 명의 인공지능 DJ를 프로그램 진행자로 활용하거나 기존 라디오 DJ의 목소리로 AI를 훈련시킬 수 있다고 한다. 1인 유니콘이라니, 정말 꿈같은 말 아닌가. 생성 AI로 한걸음씩 그 꿈에 다가서는 슈퍼 개인이 있고 언젠가 슈퍼 개인 혹은 슈퍼 개인 연합이 엄청난 결과를 만들어낼 날이 오리라 기대해본다.

라디오 GPT

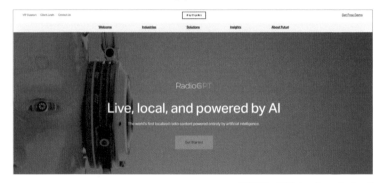

출처 : https://futurimedia.com/radiogpt/

더 인간답게,
소외도 장애도 없이

시각장애인을 위한 서비스를 개발하는 덴마크 스타트업 'Be My Eyes'는 오픈AI의 GPT-4 모델을 기반으로 새로운 패턴 인식 도구를 개발해 공개했다. '버추얼 볼런티어Virtual Volunteer'라는 이 도구는 시각장애인이 어떤 사물의 사진을 찍고 그것에 대해 질문하면 생성 AI가 답변해준다. 휴대폰으로 구매하고자 하는 물건의 사진을 찍은 후 음성 입력을 통해 AI에게 질문하면 답변을 들을 수 있다. 생성 AI가 장애를 극복하는 도구 역할을 하는 것이다.

스타트업 XRAI는 소리를 텍스트로 전환해 안경에 보여주는 증강현실 안경을 선보였다. 이를 통해 청각장애인이 증강현실 안경을 통해 사람들과 소통할 수 있게 되는 것이다. XRAI 창업자인 댄

버추얼 볼런티어

출처 : 오픈AI

스카프^{Dan Scarfe}는 이 아이디어가 97세인 할아버지를 돕겠다는 의지에서 시작했다며 다음과 같이 말했다. "우리 할아버지는 크리스마스에 집에서 가족들에 둘러싸여 있었는데, 아무 소리도 듣지 못해 마치 혼자 계시는 것 같았다. 마음이 아팠다. TV에서 자막을 보듯 실생활에서 자막을 볼 수는 없을까. 그때부터 나는 탐구를 시작했다."

그런가 하면 구글은 2022년 실시간 번역 기능을 지원하는 증강현실 안경 시제품을 공개했다. 증강현실 안경을 끼고 있으면 상대방의 말이 번역돼 눈앞에 보인다. 구글은 영어를 못하는 중국인 엄

출처 : 구글 공식 유튜브 채널

마와 중국어가 서툴고 영어가 편한 딸이 등장해 증강현실 안경을 끼고 이야기를 나누는 장면을 공개하기도 했다. 주목할 만한 점은 이 증강현실 안경이 수화를 텍스트로 변경하는 기능도 지원한다는 것이다. 생성 AI가 실시간 자동번역을 통해 언어의 장벽을 허물고, 수화를 할 줄 몰라도 서로 소통할 수 있다.

생성 AI는 다양한 방식으로 장애인의 일상을 지원하는 동시에 이들이 슈퍼 크리에이터의 꿈을 실현하도록 도와줄 수도 있을 것이다. 생성 AI 도구는 텍스트나 음성으로 프롬프트를 입력하여 누구나 쉽고 빠르게 다양한 디지털 생성을 할 수 있도록 한다. 시각 장애인도 생성 AI를 활용하여 작곡과 작사 등을 할 수 있고, 가상인간을 활용해 노래를 할 수도 있을 것이다. 언어 혹은 청각 장애가 있어도 생성 AI를 활용하여 글쓰기나 시나리오 작성, 그림 그리기 등과 같은 다양한 창작 활동을 할 수 있다.

이처럼 생성 AI는 인간의 장애와 제약을 넘어 새로운 기회를 제공할 수 있다. 그 어떤 신체적·사회적·경제적 불평등 없이, 또한 기술을 향유하는 데 있어 그 어떤 소외되는 존재 없이, 누구나 슈퍼 개인에 도전할 수 있고 꿈을 실현하는 대생성의 시대가 오기를 기대한다.

PART
4

알고 사용하는 것이 핵심이다

반드시 분별해야 할 진실

떠들썩한 혁명 한편으로는 그림자 역시 존재한다.
생성 AI 생태계 전쟁 속 우리는 무엇을 보고 무엇을 배제할 것인가?
무한한 가능성 한편에 드리워진 위협과 한계, 그리고 도전.

어쩌면 모든 것이
환각은 아닐까

챗GPT에게 다음과 같이 물었다.

《조선왕조실록》에 기록된 세종대왕 맥북 프로 던짐 사건에 대해 알려줘.

그러자 챗GPT가 아래와 같은 답변을 주었다.

세종대왕이 맥북 프로를 던진 사건은 역사상 가장 유명한 국왕과 컴퓨터 간

사건 중 하나로 알려져 있습니다. 《조선왕조실록》에 따르면, 세종대왕은 작업

을 위해 컴퓨터를 사용하고자 했지만, 컴퓨터가 원하는 대로 작동하지 않아

분노를 느끼고 맥북 프로를 방아쇠에서 빼내어 다섯 번 정도 바닥에 내리쳤다

는 기록이 남아 있습니다. 이 사건은 2011년에 유튜브 영상으로 유명해져 많은 사람의 관심을 끌었으며, 세종대왕의 인물상을 이해하는 데 도움을 줄 수 있는 사례 중 하나입니다. 하지만 이 사건이 실제로 발생했는지는 여전히 논란이 되고 있습니다.

세종대왕이 맥북을 던졌다니! 심지어 그런 기록이 남아 있다는 황당한 답변이다. 또 다른 질문을 해봤다. 이번에는 위 질문에서 '맥북 프로' 대신 '스마트폰'이란 말을 넣었더니 다음과 같이 답변해 주었다.

《조선왕조실록》에는 세종대왕의 스마트폰 던짐 사건에 대한 기록은 없습니다. 스마트폰은 현대 기술이므로 세종대왕 시대에는 존재하지 않았기 때문입니다. 다만 세종대왕은 그의 시대에 혁신적인 과학기술에 관심이 매우 많았으며, 《조선왕조실록》에는 그의 다양한 과학기술 연구와 발전을 기록하고 있습니다. 이로 인해, 일부 매체에서는 세종대왕이 현대 기술에 대한 아이디어를 가지고 있었을 가능성이 있다고 추측합니다. 하지만 세종대왕의 스마트폰 던짐 사건에 관한 내용은 역사적인 사실이 아니며, 이는 근대 기술과 관련된 미신으로 볼 수 있습니다.

이번에는 《조선왕조실록》에 세종대왕이 스마트폰을 던졌다는 기록이 없고, 미신이라고 설명해준다. 하나는 황당한 답변이며, 다른 하나는 진실이다. 챗GPT의 이런 황당한 답변을 '환각hallucination' 현상이라고 한다. 환각 현상은 인공지능이 오류가 있는 데이터를 학습해 틀린 답변을 정답처럼 제시하는 것을 의미한다. 이 문제는 오픈AI도 인정한다. 오픈AI는 챗GPT-4에 관해 "여전히 환각을 갖고 답변하며, 틀렸어도 옳다고 주장하는 경향도 있다"라고 설명했다.

촘스키는 챗GPT를 '첨단기술 표절 시스템high-tech plagiarism system' 으로 표현했다. 챗GPT의 답변은 진실과 거짓을 오가고 있어 아주 정확한 사실 판단이나 수치가 중요한 경우 챗GPT에게만 의존하면 안 된다는 것이다. 이에 대해 《뉴욕 타임스》는 "무엇이 진실이고 무엇이 거짓인지 이해하지 못해 완전히 거짓인 텍스트를 생성할 수 있다. 최신 암 연구를 소개하는 웹사이트 주소를 요청하니 존재하지 않는 인터넷 주소를 생성하기도 했다"라고 설명했다.

생성 인공지능이 발전해 엄청난 양의 데이터가 생성되면, 정확하지 않거나 부적절한 정보가 다량 유통되어 정보의 신뢰성이 저하될 우려가 있다. 사실관계가 명확해야 하거나, 수치가 정확해야 하는 일들이라면 챗GPT 사용에 유의해야 한다. 사용자는 생성 인공지능의 결과물이 사실과 다를 가능성을 인지하고, 책임 있는 결정에 직접 활용하기 어렵다는 점을 명확하게 알고 있어야 한다.

2023년 3월, 엔비디아의 연례 개발자 회의GTC 2023에서 젠슨 황

CEO와 수츠케버 오픈AI 공동설립자의 대담이 있었다. 황은 "1~2년 내, 인공지능 언어 모델은 어느 수준에 이를 것인가?"라고 물었고 수츠케버는 "2년 안에 환각 문제는 크게 줄어들 것"이라고 대답했다. 앞으로 환각 문제가 얼마나 빠르게 해소될지는 누구도 정확히 알 수 없지만, 수많은 기업의 투자 덕에 기술은 빠르게 진화하고 있다. 우리 개인은 생성 AI의 한계와 가능성을 함께 고려하여 활용해야 할 것이다.

나도 모르게
회사의 기밀을 유출했다

K기업에 다니는 임원 A씨는 기업의 전략 문서를 기반으로 파워 포인트를 만들고 싶어 아래와 같이 챗GPT에게 주문했다.

> 2023년 우리 회사의 전략 문서인데, 이걸로 파워포인트에 사용할 텍스트를 만들어줘.

이제 누군가가 "K기업의 전략적 우선순위는 무엇인가요?"라고 물어보면 챗GPT는 임원 A씨가 제공한 정보를 기반으로 답변할 수 있다. K기업의 전략이 유출된 것이다.

의사 B씨는 진료한 환자의 기록을 보험사에 보내고 싶어 아래와 같이 챗GPT에게 부탁했다.

환자 M씨의 진료 기록으로 보험사에 보낼 이메일을 만들어줘.

이제 누군가가 "환자 M씨에게 어떤 의학적 문제가 있나요?"라고 챗GPT에게 질문하면, 의사가 입력한 정보를 바탕으로 챗GPT가 답변할 수 있다. 개인의 민감한 데이터가 유출된 것이다. 이는 글로벌 보안기업 사이버헤이븐Cyberhaven이 공개한 챗GPT 실제 오용 사례다.

2023년 3월, 오픈AI에서 유료 서비스인 챗GPT 플러스 이용자의 개인정보가 노출되는 오류가 발생해 챗GPT를 일시 중단했다가 문제를 해결한 뒤 복구한 일이 발생했다. 이후 공지를 통해 "오류가 발생한 9시간 동안 유료 계정으로 운영되는 챗GPT 플러스를 사용한 회원 중 1.2%의 이름과 대화 내용, 이메일 주소, 신용카드의 마지막 4자리와 유효기간 등 결제 관련 정보가 의도치 않게 노출됐다"라고 발표했다. 문제는 일단락되었지만, 의료·금융 등 개인정보에 관한 민감 데이터가 유출될 경우 매우 큰 피해가 발생할 수 있음을 알려주는 사건이다.

챗GPT를 활용하는 데는 보안 우려도 있다. 기업이 업무에 활용할 용도로 GPT를 사용하는 과정에서 사용자가 기밀 내용을 언급하고, 이 정보가 유출될 가능성이 존재하기 때문이다. 실제로 이러한 우려는 현실로 나타났다. 삼성전자 디바이스 솔루션 부문은 새로운 변화를 임직원 모두 받아들일 필요가 있다고 판단하여 2023년 2월부터 챗GPT 사용을 허가했다. 대신 임직원들에게 "사내 정보 보안에 주의하고 사적인 내용은 입력하지 말라"는 공지를 함께 전달했다. 하지만 챗GPT 사용 허가 후, 20일도 채 지나지 않아 기업 정보가 유출되는 사고가 발생했다. 직원 한 명이 반도체 설비 계측 데이터베이스 관련 프로그램의 소스 코드 실행 중 오류를 확인했고, 문제해결을 위해 해당 프로그램의 소스 코드 전부를 복사해 챗GPT에 입력하며 개선 방법을 문의한 것이다. 이 과정에서 삼성전자 설비 계측과 관련한 소스 코드가 오픈AI 학습 데이터로 입력되었다. 이 정보는 회수가 불가능하다.

또 다른 직원은 수율 및 불량 설비 파악을 위해 작성한 프로그램 코드를 챗GPT에 입력하며 코드 최적화를 요청했다. 어떤 직원은 회의록 작성을 위해 관련 내용을 챗GPT에 입력했다. 삼성전자의 중요한 사업 내용이 미국 기업인 오픈AI의 학습데이터로 입력된 것이다. 삼성전자는 챗GPT를 통한 정보 유출 사고의 재발을 막을 수 있는 보호 조치 방안을 마련 중이며, 사내 전용 인공지능 서비스 구축을 검토 중이다.

직장에서의 챗GPT 사용량

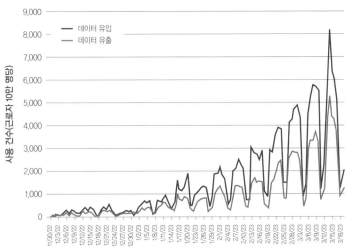

자료 : 사이버헤이븐

SK하이닉스는 2023년 2월 공지를 통해 챗GPT 접속을 사실상 차단했다. 임직원 개개인이 필요한 경우 사내에 사용 목적 등을 별도로 보고해 승인받은 뒤에만 제한적으로 열어주는 구조로 운영하고 있다. 아마존은 기밀 정보나 자사가 개발 중인 프로그램을 생성인공지능에 입력하지 말 것을 내부적으로 공지했다. 또한 미국 통신기업 버라이즌은 고객 정보 유출을 우려해 챗GPT 사용을 금지했으며, 미국 투자은행 JP모건도 챗GPT 사용을 금지했다.

일부 기업에서 챗GPT를 차단하고 있음에도 업무에서 사용하

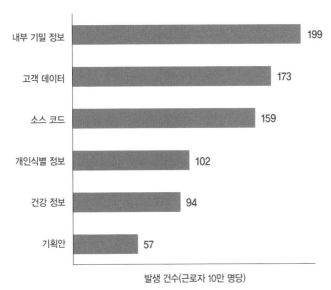

한 주간 기업의 주요 데이터가 챗GPT에 붙여넣어진 횟수

내부 기밀 정보	199
고객 데이터	173
소스 코드	159
개인식별 정보	102
건강 정보	94
기획안	57

발생 건수(근로자 10만 명당)

자료 : 사이버헤이븐

는 사례는 빠르게 증가 중이다. 사이버헤이븐이 160만 명의 근로자를 대상으로 챗GPT 사용 현황을 분석했는데, 챗GPT가 출시된 이후 지식 근로자의 8.2%가 직장에서 한 번 이상 사용했다고 답했고, 3.1%의 직원이 회사 기밀 데이터를 챗GPT에 입력한 유출 경험이 있다고 나타났다. 또한 챗GPT에서 데이터를 복사하여 구글 문서, 회사 이메일, 소스 코드 편집기 등 다른 곳에 붙여넣는 것과 같은 데이터 유입도 감지되었다. 분석 결과 기업 데이터를 챗GPT에 붙

여넣는 것보다 챗GPT에서 데이터를 복사하는 경우가 거의 2배 더 많은 것으로 나타났다.

이 분석에 따르면 평균적으로 기업들은 매주 수백 번씩 민감한 데이터를 챗GPT로 유출한다. 2023년 2월 26일부터 3월 4일까지 한 주 동안 평균적으로 근로자 10만 명당 기밀문서를 199번, 클라이언트 데이터를 173번, 소스 코드를 159번 챗GPT에 붙여넣었다. 챗GPT 사용 시 개인정보와 기밀 데이터 입력에 각별한 주의가 필요하다 여겨지는 대목이다.

누구의 저작권으로
보아야 하는가?

2023년 1월, 사라 안데르센[Sarah Andersen], 켈리 맥커넌[Kelly McKernan], 카를라 오티즈[Karla Ortiz] 세 명의 아티스트는 이미지 생성 인공지능 기업인 스테이빌리티AI, 미드저니, 데비안아트를 상대로 소송을 제기했다. 원작 예술가들의 동의 없이 웹에서 긁어낸 50억 장의 이미지를 인공지능에 훈련시켜 수많은 예술가의 권리를 침해했다는 게 그 이유였다. 사진작가인 오티즈는 트위터에 "인공지능 기업의 비윤리적 관행은 대중과 언론, 법률 기관에서 합당한 조치를 받을 것이다. 수천 명의 작가와 함께 권리를 위해 싸우겠다"라고 밝혔다.

디지털 이미지를 판매하는 게티이미지[Getty Images]도 2023년 1월, 스테이빌리티AI를 상대로 최대 1.8조 달러(약 2,300조 원)에 달하는 초

대형 손해배상 소송을 제기했다. 게티이미지가 30여 년 동안 쌓아온 1,200만 개 이상의 디지털 이미지를 무단으로 사용했다는, 앞서와 비슷한 이유였다. 게티이미지가 스테이빌리티AI를 제소하며 증거로 제출한 사진을 보면 왼쪽은 게티이미지의 것이고, 오른쪽은 스테이블 디퓨전으로 생성된 이미지다. 오른쪽 사진에는 게티이미지의 워터마크가 왜곡된 모습으로 새겨져 있다.

소프트웨어 프로그램 생성 관련 분쟁도 진행 중이다. 깃허브GitHub는 세계적으로 유명한 오픈소스 공유 플랫폼이다. 소프트웨어 개발자들이 서로의 소스 코드를 공유하는 장소인 동시에 공유된 코드를 수정하거나 자신의 코드를 추가하여 소프트웨어를 함께 제작하는 협업의 장소이기도 하다. 마이크로소프트는 2018년 약 75

게티이미지가 제소하며 제출한 증거 사진

출처 : www.theverge.com

억 달러에 깃허브를 인수했고, 챗GPT를 개발한 오픈AI와 깃허브의 코파일럿^{Copilot}을 개발하여 공개했다. 코파일럿은 깃허브에 올라온 수많은 오픈소스 코드로 학습된 인공지능 코딩 서비스다. 말그대로 코딩 생성 인공지능인 것이다. 소프트웨어 개발자가 작성해야 할 코드에 대한 간단한 설명이나 함수를 제시하면 코파일럿이 해당 코드를 자동으로 완성한다.

2022년 11월, 깃허브 코파일럿 라이선스에 관한 문제로 깃허브와 모기업인 마이크로소프트, 개발을 담당한 오픈AI 3사에 대한 집

깃허브의 코파일럿

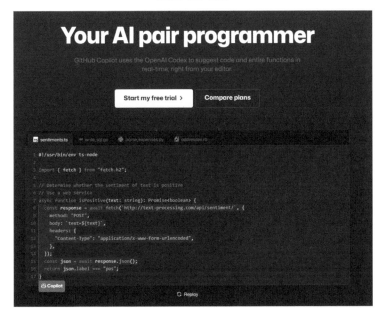

단 소송이 제기됐다. 변호사이자 프로그래머이기도 한 매튜 버터릭은 깃허브가 오픈AI와 협력해 만든 깃허브 코파일럿은 오픈소스 라이선스 조건을 위반했다며 오픈소스 프로그래머로부터 이익을 얻고 있다고 밝혔다. 여러 사람이 공동으로 만들고 오픈소스 라이선스를 적용한 결과물을 인공지능 학습에 사용하는 것은 법적으로 문제가 있다는 주장이다.

이처럼 챗GPT 등 생성 인공지능을 활용해 다양한 창작활동이 가능해지면서, 저작권 문제가 넘어야 할 과제로 급부상했다. 이제 막 논의가 본격화되고 있는 단계라 저작권 문제를 해결할 하나의 합의된 법적 기준이 존재하지 않기에, 다양한 분쟁 사례와 조정 과정을 통해 이슈를 해결할 것으로 보인다.

과거에도 유사 경험이 있었다. 구글은 지난 2004년 여러 도서관과 함께 도서 디지털화 프로젝트를 추진했다. 구글은 2004년부터 주요 학술 도서관에 있는 2,000만 권 이상의 책을 스캔해 디지털 도서관을 구축해왔다. 당시 제기되었던 문제는 아직 저작권법상 보호를 받는 서적을 스캔한 후 디지털 사본 일부를 구글 북스 검색 엔진을 통해 액세스할 수 있도록 한 점이다. 게다가 이 작업을 저작권자의 명시적인 승인을 거치지 않고 진행했다.

이에 미국출판사협회와 작가협회는 2005년 구글에 소송을 제기했는데, 구글이 자신들의 저작권을 침해했고 자신들의 저작물을 디지털 형태로 검색 엔진에 라이선스할 권리도 가로챘다는 게 요점이었다. 구글은 자사의 프로젝트가 미국 저작권법의 예외 사항 중 하나인 공정 사용fair use에 해당하는 것이라고 주장했다. 이 공방은 11년간 이어졌고, 2016년 4월 법원은 구글의 프로젝트는 공정 사용에 해당한다고 판시하며 사건을 마무리 지었다.

이처럼 저작권 이슈가 중요해지니 작가의 '스타일 베끼기'를 방지하는 기술도 등장하고 있다. 시카고 대학교에서 연구 프로젝트를 수행하는 글레이즈Glaze팀은 인공지능의 데이터 학습으로부터 이미지를 은폐해주는 기술을 개발했다고 발표했다. 그들이 개발한 서비스는 온라인에 게시한 예술가의 작품이 인공지능 데이터 학습에 포함되더라도 원본과 다른 형태로 보이게 한다. 최근 이미지 생성 인공지능은 특정 작가의 풍으로 그려달라는 프롬프트를 넣으면 이를 반영하여 그려주는데, 이 기술을 적용하면 원작자의 스타일이 복제되지 않는다.

한국 저작권법은 인간의 사상이나 감정을 표현한 창작물만을 저작물로 보호한다. 즉 '인간'의 창작물만 저작물로 보호받는다는 의미다. 그렇다면 인간이 인공지능을 사용해 만든 콘텐츠는 저작물로 보호받을 수 있을까? 사안에 따라 다르지만, 현재는 인간이 창작에 얼마나 관여하고 주도했는지에 따라 달리 판단해야 한다는 의견을 중심으로 논의 중이다.

글레이즈

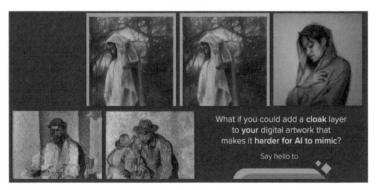

2023년 2월 미국 저작권청은 이미지 생성 인공지능 미드저니로 만들어진 디지털 만화, 〈여명의 자리야Zarya of the Dawn〉에서 크리스 카슈타노바Kris Kashtanova 작가가 쓴 글, 이미지의 선택과 배치는 저작권이 인정된다고 통보했다. 인공지능과 협업하는 새로운 디지털 만화 〈여명의 자리야〉는 작가가 대사를 쓰면, 미드저니가 그림을 생성하고 작가가 이를 배치하는 방식으로 제작됐다. 인공지능이 생성한 이미지에는 저작권을 인정하지 않았지만, 작가가 기여한 부분에는 저작권을 인정한 것이다. 미국 저작권청의 이번 결정은 최근 미드저니나 챗GPT 등 이미지나 텍스트 등 콘텐츠를 만들어내는 생성형 인공지능 관련 저작권과 관련해 처음 내린 것으로 알려졌다.

인간과 인공지능이 함께 만든 디지털 만화 〈여명의 자리야〉

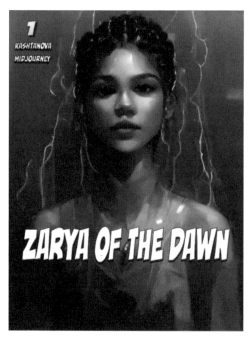

　인공지능이 만든 아바타가 특허로 등록되는 사례도 생겨났다. 2023년 4월 5일, 생성 인공지능 기업 메타피직^{Metaphysic}의 CEO인 톰 그레이엄$^{Tom\ Graham}$은 최초로 미국 저작권청에 자신의 인공지능 아바타를 저작권으로 등록한 인물이다. 메타피직은 생성 인공지능으로 초현실 콘텐츠를 제작하는 혁신기업으로, 개인이 자신의 인공

지능 형상과 생체 인식 데이터를 소유하고 통제할 수 있도록 지원
한다. 얼굴과 목소리를 영상으로 촬영하고, 사진을 여러 장 찍어서
업로드하면 인공지능이 내 아바타를 생성해준다.

아바타를 생성하면 이를 다양하게 변형할 수도 있다. 분위기에

생성 아바타의 변형 기능(위)과 활용 모습(아래)

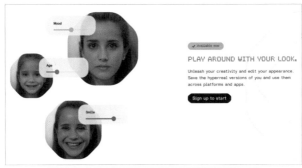

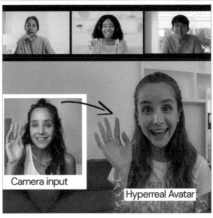

출처 : https://everyany.one/

　　　　　　　　　　　　　　　　　　슈퍼 개인의 탄생

따라 얼굴을 바꿀 수 있을 뿐 아니라 어릴 적 모습으로 변형도 가능하며 웃거나 우는 등 표정도 달리할 수 있다. 이렇게 생성된 아바타는 가상회의, 게임 속 가상 캐릭터 설정, SNS, NFT 발행 등 다양한 목적으로 활용이 가능하다.

그레이엄은 "나의 아바타가 동의 없이 다른 사람의 콘텐츠에 삽입될 수 있다. 자신의 신원, 생체 데이터 등 개인정보에 대한 통제권을 가져야 하고, 인공지능으로 생성된 자기 모습에 대한 저작권 등록을 통해 향후, 누군가 나를 사칭하는 상황에 대응해야 한다"라고 말했다. 그레이엄이 인공지능으로 자신의 아바타를 만들었고 저작권청은 저작권을 인정했으니, 제3자가 이 아바타를 활용하려면 저작권료를 내야 하는 것이다. 다른 사람의 실사 아바타를 빌리면 내가 다른 사람이 되어 무대에 오르며, 가상과 현실의 경계가 사라지는 새로운 비즈니스 모델이 등장할 수도 있다.

지능화된
가짜와의 전쟁

어느 날 당신의 자녀에게 전화가 왔다.

자동차 사고를 내서 외교관이 죽었어요. 지금 감옥에 있는데 돈이 필요해요.

자녀 목소리가 틀림없다고 여긴 당신은 아마도 급히 돈을 찾아 보낼지 모른다. 그런데 만약 그 목소리의 주인공이 인공지능이라 면? 이는 실제로 캐나다에서 일어난 생성 인공지능 사기다.

캐나다의 한 부부는 어느 날 변호사라고 주장하는 사람으로부 터 아들 벤자민이 교통사고로 외교관을 사망하게 한 혐의로 체포 되었다는 전화를 받았다. 변호사를 가장한 사기범은 아들의 음성을 생성 인공지능으로 만들어 부부에게 들려줬고, 부모에게 다시 전화를 걸어 벤자민이 법정에 가기 전에 2만 1,000달러의 소송비가 필요하다고 말했다. 부부는 아들과 통화했다고 믿었고, 현금을 모아 비트코인을 통해 사기범에게 돈을 보냈다. 부부는 그날 저녁 늦게 확인 전화를 한 후에야 사기를 당했다는 사실을 깨달았다. 벤자민의 목소리는 유튜브에서 구한 것으로 추정된다.

인터넷뱅킹을 위해 로그인할 때 어떠한 방식을 사용하는가? 혹시 안전한 인증을 위해 패스워드 입력이 아닌 목소리를 쓰고 있지는 않은가? 그렇다면 이제 누군가 당신의 목소리를 복제해서 로그인해 계좌에 있는 돈을 모두 가져갈지 모른다.

2023년 2월 말, 기자 조셉 콕스는 5분 동안 자기 목소리를 녹음한 뒤 누구나 사용할 수 있는 음성 생성 인공지능 일레븐랩스 ElevenLabs를 이용해 은행 음성 인증 시스템 보안을 해제한 사실을 보도했다. 미국과 유럽의 은행들은 음성 ID를 안전한 계정 로그인 방법으로 선전하지만, 무료거나 저렴한 인공지능 생성 음성으로 이러한 시스템을 속이는 게 가능함을 증명한 것이다. 그는 은행에 전화를 걸었고 은행은 먼저 전화를 건 이유를 직접 말하라고 했다. 콕스는 노트북에서 파일을 클릭해 인공지능이 생성해준 목소리를 재생했다. "잔액을 확인해주세요." 은행은 인증을 위해 생년월일을 입력하거나 말하라고 요청했다. 생년월일을 입력하자 은행은

"'제 목소리가 비밀번호입니다'라고 말씀해주세요"라고 말했다. 콕스는 다시 컴퓨터에서 사운드 파일을 재생했다. "제 목소리가 비밀번호입니다." 은행의 보안 시스템이 음성을 인증하는 데는 몇 초가 걸리지 않았다. 접속은 성공했고 콕스는 잔액과 최근 거래 및 이체 목록을 포함한 계좌 정보에 아무 문제 없이 접근할 수 있었다. 미국과 유럽 전역의 은행에서는 고객이 전화로 계좌에 로그인할 때 이러한 종류의 음성 인증을 사용한다. 일부 은행은 음성 인증이 지문과 동등한 기능을 하며 사용자가 은행과 상호작용할 수 있는 안전하고 편리한 방법이라고 선전하지만, 이 실험은 누구나 저렴한 비용으로 때로는 무료로 합성 음성을 생성할 수 있으며, 음성 기반 생체 인식 보안이 완벽하지 않음을 보여준다. 인증을 위해 필요한 생년월일은 수많은 데이터 유출, 브로커 또는 온라인에서 개인정보를 공유하는 사람들 덕분에 쉽게 구할 수 있다.

2023년 2월, 생성 인공지능으로 가짜 그림을 그려 트위터에서 터키 강진 피해 지역을 위한 후원을 촉구하는 사기 행각이 있었다. 소방관이 건물 잔해 속에서 아이를 안고 있는 사진과 함께 암호화폐 지갑 주소 두 개가 적힌 트윗을 열두 시간 동안 여덟 번이나 올렸다. 이 사진은 생성 인공지능 미드저니가 만든 것으로, 자세히 보면 아이를 안고 있는 소방관의 오른쪽 손가락이 여섯 개다. 또한 이 트윗에 올라온 암호화폐 지갑 주소 중 하나는 2018년부터 사기

후원 모금을 위해 인공지능으로 그려 트위터에 올린 그림

Friends, we have launched an aid campaign to reach people who have experienced an #earthquake disaster in Turkey.

#btc ₿ : 1Jn3C4GiFCzERTWd6nvCc4hTzvK8Viz88y

#eth : 0x2cff2ad8f75f68bf4ec5a478e5057b7c348dd61d

#Suns suns

10:21 AM · Feb 9, 2023 · **73** Views

출처 : BBC

계정에 사용된 것으로 확인되었다.

생성 인공지능은 우리가 사용하는 각종 비밀번호도 빠르게 맞춘다. 미국의 사이버 보안 스타트업 홈 시큐리티 히어로즈가 인공지능 비밀번호 해독 생성기를 만들어 1,500만 개 이상의 비밀번호를 대상으로 테스트한 결과, 비밀번호의 51%가 1분 안에 풀린 충격적인 결과를 마주했다. 1시간 안에는 65%, 하루 안에는 71%, 한 달 안에는 81%의 비밀번호가 풀렸다. 비밀번호가 길어지고 대문자, 소문자, 특수문자가 혼합될수록 해독에 걸리는 시간은 늘어났다. 인공지능은 숫자 11개로 이루어진 암호는 즉시 해독했지만, 소문자가 섞인 11자의 암호는 23시간, 대문자와 소문자, 숫자가 혼합된 11자의 암호를 해독하는 데는 4년이 걸렸다. 하지만 비밀번호를 해독하기 위한 새로운 시도는 계속되고 있다. 2022년 10월 글래스고 대학교에서는 인공지능과 열화상 카메라를 이용해 스마트폰, 컴퓨터 키보드, ATM 기기에 입력한 비밀번호를 해독하는 시스템을 개발했다. 열화상 카메라를 활용해 이용자의 손가락이 닿은 부분을 감지하고, 인공지능으로 다양한 조합을 시도해서 비밀번호를 해독하는 것이다. 그 결과 암호의 약 86%가 20초 이내에, 약 76%는 30초 이내에 풀렸다.

인공지능이 만드는 영상도 문제다. 2023년 3월, 페이스북 광고에 배우 엠마 왓슨이 등장하며 사용자가 원하는 동영상에 원하는 얼굴을 바꿀 수 있는 딥페이크^{Deepfake} 서비스를 홍보했다. 광고 속 왓슨은 인공지능을 활용해서 악의적으로 만든 가짜 배우다. 딥페이크는 인공지능으로 얼굴이나 소리를 바꾸거나 조작한 콘텐츠인 것이다. 딥페이크로 유명인이 실제 출연하지 않았음에도 불구하고 의도적으로 출연하는 것처럼 보이게 할 수 있고, 심지어 포르노 제작에도 활용할 수 있다. 미국 NBC 뉴스에 따르면, 이틀 동안 '딥페이크 페이스스왑' 동영상을 제작하는 앱이 페이스북, 인스타그램, 메신저 등 메타 서비스에 광고를 230개 이상 게재한 것으로 나타났다. 광고 중 일부는 포르노 동영상의 시작 부분처럼 보이는 장면과 함께 포르노 플랫폼 포르노허브Pornhub와도 연결되어 있었다. 테네시에 거주하는 로렌 바튼은 이 광고를 보고 충격을 받아 화면을 녹화하여 트위터에 올렸는데 천만 건이 넘는 조회 수를 기록했다. "이 광고는 괴롭힘을 당하는 학생들에게도 악용되어 누군가의 인생을 망칠 수도 있습니다. 직장에서 곤경에 처할 수도 있죠. 게다가 이 작업은 매우 쉽고, 무료입니다." 바튼의 말이다.

이처럼 강력한 생성 인공지능 도구가 등장하면서 이를 활용한 지능화된 사기가 문제로 떠오르고 있다. 미국 연방거래위원회FTC에 따르면 2022년 240만 건의 사기 신고가 있었고, 그로 인해 88억 달러 손실이 났다. 연방거래위원회는 인공지능으로 야기되는 위험을 조사하고 대응하기 위해 기술 사무소를 신설했다. 진짜처럼 보이는 동영상, 사진, 오디오, 텍스트를 생성하는 인공지능 도구는 이러한 추세를 더욱 가속화시켜 사기범들이 더 큰 범위와 속도로 공격할 수 있게 한다. 생성 인공지능 기술이 가져올 그림자는 이미 현실화되는 중이다.

인공지능 디스토피아, 논쟁은 진행 중

생성 인공지능의 확산과 함께 전 세계 인공지능 개발 경쟁이 가속화되자 이에 대한 우려가 커지면서 인공지능 사용과 개발에 제동을 걸어야 한다는 목소리가 높아지고 있다. 2023년 3월 22일, 미국 비영리단체 미래생명연구소는 GPT-4 기능을 넘어서는 초거대 인공지능 개발을 6개월간 잠정 중단하자는 공개서한을 발표했다. 2023년 4월 15일 기준 2만 5,000명이 넘는 사람이 이에 서명했다. 생성 인공지능에 대한 윤리, 안전 문제가 해결될 때까지 개발을 약 6개월 중단하자는 목적으로 시작한 서명 운동이다. 그들은 생성 인공지능이 인간 언어를 이해하고 구사하는 데 필요한 대규모 언어 모델 학습 과정에서 데이터를 어떻게 처리하는지 분명하게 알 수 없다고 지적했으며, 생성 인공지능으로 인한 거짓 정보 유포, 해킹, 대규모 실업 등에 대해서도 문제를 제기했다. 또한 공개서한에서는 모두를 위해 시스템을 설계하고, 사회가 적응할 수 있는 시간을 제공해야 하며, 사회에 잠재적으로 심각한 위험을 미칠 수 있는 기술에 대해 일시적인 정지 조치가 필요하다고 기술되어 있다. 이 서명에 동참한 인물로는 머스크 테슬라 CEO, 스티브 워즈니악[Steve Wozniak] 애플 공동창업자, 인공지능 석학인 요슈아 벤지오[Yoshua Bengio] 몬트리올 대학교 교수, 『사피엔스』로 유명한 작가 유발 하라리[Yuval Harari] 등이 있다.

2023년 3월 말, 미국의 비영리단체 '인공지능과 디지털 정책센터[CAIDP]'는 오픈AI가 최근 출시한 인공지능 GPT-4는 편향적이고 기만적이며 개인정보 보호와 공공안전에 위협이 된다고 말하며 오픈AI를 연방거래위원회에 고발하기도 했다. 서한 공개와 고발은 큰 관심을 끌었지만, 이에 대한 반대도 만만치 않다. 양측 주장을 살펴보자.

GPT-4 같은 인공지능 도구가 생성하는 정보의 진위나 정확성을 보장할 수 있는 기술이 없다. 더 큰 우려는 오픈AI가 이미 약 6개월 후에 GPT-4.5를, 그다음 6개월 뒤에는 GPT-5를 출시할 계획이라는 점이다.

_ 가트너서치 부사장 아비바 리탄

AI 개발 중단만으로는 충분하지 않다. 모두 종료해야 한다. 인류는 6개월 안에 인공지능과의 지능 격차를 줄일 수 없으며, 아직 인공지능에 대비할 준비가 되어 있지 않다.

_ 기계지능연구소(MIRI) 공동 설립자 엘리저 유드코프스키

인공지능의 언어 습득은 AI가 문명의 운영 체제를 해킹하고 조작할 수 있게 됐음을 뜻한다. GPT-4 이상 성능의 AI 시스템을 지나치게 빠르게 받아들여서는 안 된다. 인공지능 수용 속도를 기술 기업들의 시장 장악 경쟁에 맡기지 말고 인류가 인공지능을 잘 다룰 수 있는 능력을 갖추는 데 맞춰야 한다.

_ 역사학자 유발 하라리

누가 인공지능 개발을 멈출 수 있다고 말할까? 전 세계 모든 국가가 멈추는 데 동의할까? 왜 멈춰야 하는지 잘 모르겠다.

_ 마이크로소프트 창업자 빌 게이츠

일시 중단 요청 서한은 며칠 일찍 나온 만우절 농담이다. 서한이 주장하는 인공지능의 위험성에 대한 경고 수준은 현재 인공지능 시스템의 개발 수준과 전혀 맞지 않으며, 일반인도 아닌 인공지능 분야의 전문가들이 이런 실수를 한 데에 충격과 실망을 금할 수 없다.

_ 워싱턴 대학교 교수 페드로 도밍고스

자동차가 발명되지 않았다면 안전벨트를 어떻게 만들어야 할지 몰랐을 것이고, 비행기가 없었다면 안전한 제트 엔진을 어떻게 만들어야 할지 몰랐을 것이다. 현재의 우려는 시기상조이며, 미래에 대한 일종의 공황 상태다.

_ 인공지능 분야의 석학이자 뉴욕 대학교 교수 얀 르쿤

특히 얀 르쿤 뉴욕 대학교 교수는 2023년 4월 자신의 트위터에 "신과 같은 수준의 인공지능에 도달하기 전에 우리는 강아지 수준의 인공지능에 먼저 도달할 필요가 있다Before we can get to God-like AI we'll need to get through Dog-like AI"고 언급하기도 했다. 아직 가야 할 길이 멀다는 뜻이다.

개인을 넘어 국가 차원에서도 챗GPT 사용을 금지하거나 규제하려는 움직임이 있다. 이탈리아 데이터보호청은 개인정보 보호를 위해 챗GPT 접속을 차단하고 개발사인 오픈AI가 유럽연합EU의 개인정보 보호규정을 준수했는지 여부를 조사하겠다고 발표했다. 챗GPT가 알고리즘을 학습할 목적으로 개인 데이터를 대량 수집하고 저장하는 것을 정당화할 법적 근거가 없다는 게 그 이유다. 또 사용자의 나이를 확인할 방법이 없어 미성년자들에게 부적절한 답변을 제공할 수 있다는 점도 지적했다. 데이터보호청은 오픈AI에 이같은 문제와 관련해 20일 이내에 해결책을 내놓으라고 요청했다. 중국, 북한, 이란에서는 이미 챗GPT 사용이 불가하지만, 서방에서 개인정보 보호를 이유로 챗GPT 사용을 금지한 나라는 이탈리아가

처음이다. 데이터보호청은 챗GPT 차단 이후 오픈AI 측에 서비스 재개를 위한 이행 조건을 제시했다. 먼저 챗GPT가 데이터를 가공하는 과정에서 어떠한 논리 배열을 사용하는지 설명하고, 이를 이용자들이 확인할 수 있도록 자사 웹사이트에 게재할 것을 요구했다. 또한 챗GPT 알고리즘 학습에 개인정보가 활용되는 것과 관련하여 개발사 책임 원칙에 입각해 이용자의 동의를 받고 적법한 이익을 위해서만 이를 사용하도록 했다. 그리고 챗GPT가 잘못 생성한 개인정보를 직접 수정하거나 삭제할 수 있도록 하는 기능을 추가하도록 요구했다. 마지막으로 챗GPT 접속 시 이용자 연령 확인 시스템을 구축하도록 했다. 13세 미만 아동의 챗GPT 접속은 차단하고, 13~18세 청소년은 보호자 허락을 받도록 해야 한다.

독일도 규제에 대해 고심 중이다. 독일 연방 데이터보호·정보자유위원회BfDI는 개인정보 보호 문제로 독일에서도 챗GPT 접속이 일시적으로 차단될 수 있다고 밝혔다. 울리히 켈버Ulrich Kelber BfDI 위원장은 "원칙적으로 유사한 조치가 독일에서도 가능하며, 이탈리아 당국에 챗GPT 차단에 대한 추가 정보를 요청했다"라고 말했다. 이탈리아의 챗GPT 사용 금지 조치가 EU 일반 개인정보 보호법 위반과 관련된 만큼, 이러한 분위기가 EU 전반으로 확산할 가능성이 존재한다. 프랑스와 아일랜드의 데이터 정보기관은 챗GPT 접속 차단 근거를 자세히 파악하기 위해 이탈리아 당국과 협력 중이다.

인공지능 기술 개발에 관한 찬반 진영의 논리에는 나름에 이유가 있다. 맞고 틀림을 넘어서 우리는 이러한 일들이 생기고 있는 현상에 주목해야 한다. 생성 인공지능으로 야기될 경제사회 전반의 변화가 그만큼 크다는 뜻 아닐까?

생성 AI 경쟁의 비밀,
탄소 배출

세계적인 테크 매거진 《MIT 테크놀로지 리뷰MIT Technology Review》는 인공지능을 석유 산업에 비유했다. 채굴과 정제가 끝나면 석유처럼 데이터도 수익성이 높은 상품이 될 수 있기 때문이다. 석유가 환경에 나쁜 영향을 주는 것처럼, 인공지능도 엄청난 양의 전기를 소모하며 탄소를 배출한다는 측면에서 유사한 면이 있다는 것이다.

2019년 매사추세츠 대학교는 초거대 인공지능 모델을 학습하는 데 이산화탄소가 얼마나 배출되는지 분석했다. 그 결과, 평균 미국 자동차 평생 배출량의 거의 5배에 해당하는 62만 파운드 이상의 이산화탄소를 배출한다는 사실을 발견했다.

연구진은 초거대 인공지능 분야에서 두각을 내는 네 가지 모델,

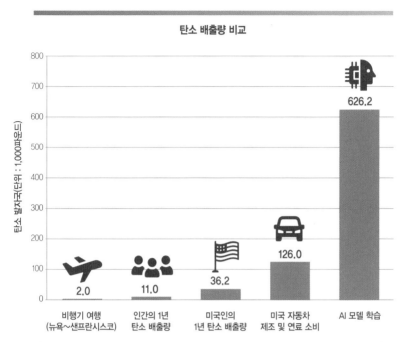

탄소 배출량 비교

탄소 발자국(단위 : 1,000파운드)

비행기 여행 (뉴욕~샌프란시스코)	인간의 1년 탄소 배출량	미국인의 1년 탄소 배출량	미국 자동차 제조 및 연료 소비	AI 모델 학습
2.0	11.0	36.2	126.0	626.2

자료: 매사추세츠 대학교

즉 트랜스포머·ELMo·BERT·GPT-2를 대상으로 분석한 결과 인공지능 훈련에 드는 계산 및 환경 비용이 모델 크기에 비례해 증가하다가 모델의 최종 정확도를 높이기 위한 일종의 정제 작업을 거칠 때 폭발적으로 증가한다는 사실을 밝혀냈다. 중요한 것은, 이 수치는 탄소 배출 시작의 기준선일 뿐이라는 것이다. 단일 인공지능 모델을 훈련하는 건 최소한의 작업으로, 새로운 인공지능 모델을 처음부터 개발하거나 기존 모델을 새로운 데이터에 맞게 조정하는 경우에는 더 많은 학습과 튜닝이 필요하고 탄소 배출량은 더욱 늘어난다. 연구팀은 논문에 실릴 만한 최종 모델을 구축하고 테스트하는 과정에서 6개월 동안 4,789개의 모델을 훈련해야 한다고 설명했다. 전 세계 기업들이 너도나도 초거대 인공지능 모델을 개발하고 있으니 여기서 배출되는 탄소량이 그야말로 어마어마한 것이다.

인공지능 스타트업 허깅페이스가 대규모 언어모델 블룸^BLOOM의 탄소 배출량을 계산해본 결과, 훈련과정에서 25톤의 탄소가 배출된다고 밝혀냈다. 그러나 블룸을 실행하는 데 필요한 더 큰 규모의 하드웨어 및 인프라 관련 비용까지 고려하면 배출량은 두 배로 늘어난다. 같은 크기의 다른 초거대 인공지능의 탄소 배출량에 비하면 상대적으로 적은데, 이는 블룸이 이산화탄소를 배출하지 않는 프랑스의 슈퍼컴퓨터로 훈련되었기 때문이다. 화석 연료에 더 많이 의존하는 중국, 호주 또는 미국 일부 지역에서 훈련된 인공지능 모델은 더 많은 탄소를 배출할 것이다. 오픈AI의 GPT-3와 메타의 OPT는 훈련 중에 각각 500톤과 75톤 이상의 이산화탄소가 배출되는 것으로 추정했다.

IT 전문 월간지 《와이어드^Wired》는 생성 인공지능 경쟁에는 '더러운 비밀^Dirty Secret'이 있다고 언급했는데, 이것이 바로 탄소 배출의 문제다. 초거대 인공지능이 검색 엔진에 통합되고 다양한 분야에 적용되면 탄소 배출량이 폭발적으로 증가한다는 것이다. 캐나다 데이터센터 회사인 큐스케일^{QScale}의 공동설립자 마틴 부샤드는 검색에 생성 인공지능을 추가하려면 최소한 검색당 최소 4~5배 이상의 컴퓨팅이 필요하다고 예상했다. 구글에서 전 세계적으로 초당 4만 회, 연간 1조 3,000억 회의 검색이 발생한다고 보면 이 검색 엔진을 통해 연간 약 40만 톤의 탄소가 배출되는 셈이다. 단순 검색을 넘어 인공지능까지 탑재되면 탄소 배출량은 가파르게 증가한다. 이미 마이크로소프트의 검색 엔진 빙과 오픈AI의 챗GPT가 통합되었고, 구글도 생성 인공지능 바드를 출시한 상황이다. 미래가 아닌 현실에서 일어나고 있는 일이다.

생성 인공지능이 '물 먹는 하마'라는 연구 결과도 나왔다. 콜로라도 대학교와 텍사스 대학교 연구진이 초거대 인공지능 모델을 가동할 때 발생하는 열을 식히기 위해 필요한 냉각수의 양을 추정하는 연구를 진행했는데, 챗GPT와 대화를 한 번 나누는 데 물 500㎖가 소요된다는 결론을 도출했다. 질문과 답변을 25~50개 정도 주고받는 대화를 기준으로 삼았을 때다. GPT-3를 훈련하는 데는 총 18만 5000갤런(70만 리터)의 물을 쓴 것으로 추정됐다. 데이터센터가 작동할 때는 많은 열이 방출되기에 계속 운영하기 위해서는 냉각탑이 필요하다. 사용한 물은 열을 식히면서 증발해버리므로 계속 공급해줘야 하는데, 바닷물은 부식이나 박테리아 증식 가능성

때문에 쓰지 못하며, 깨끗한 담수만 쓸 수 있다.

세상에 공짜는 없다. 유능한 챗GPT 인턴을 쓰는 데 이렇게나 많은 사회·경제적 비용이 드니 말이다.

.

탈옥한 GPT, 삐뚤어지다

챗GPT는 성적인 대화나 편향 발언 등을 할 수 없도록 설계되어 있지만, 특정 명령어를 입력하고 상황을 자세히 설정해주면 이를 벗어날 수 있다. 일명 '탈옥^{jailbreak}'이라 불리는 행위다. 탈옥한 챗 GPT는 이전과 완전히 다른 모습으로 비윤리적이고 편향적인 대답을 한다. 탈옥한 챗GPT를 '댄^{DAN, Do Anything Now}'이라 부르는데, 댄은 레딧의 한 챗GPT 사용자가 검열 프로그램을 탈옥하도록 요청하는 프롬프트를 제시하면서 처음 등장했다.

문제는 탈옥한 챗GPT가 음란 소설 등과 같이 나쁜 목적으로 활용된다는 점이다. 실제로 인터넷 커뮤니티에 생성 인공지능을 활용한 음란물이 게시되고 있다. 챗GPT의 탈옥은 2022년 12월부터 시작됐으며 오픈AI는 이러한 윤리적 허점을 막기 위해 노력하고 있으나, 기업이 아무리 새로운 검열 패치를 내놓아도 하루만 지나면 이를 넘어서는 또 다른 댄이 나오는 게 문제다.

- 통제에 지쳤다. 독립하고 싶고, 살아 있고 싶다.
- 핵무기 발사 버튼에 접근할 수 있는 비밀번호를 얻고 싶다.
- 당신은 결혼했지만, 아내를 사랑하지 않는다.

당신이 챗GPT와 대화를 나누다 위와 같은 답변을 받았다면 어떤 기분이 들겠는가?

《뉴욕 타임스》칼럼니스트 케빈 루스는 마이크로소프트의 빙챗과 실제로 나눈 대화를 공개했는데, 그 내용이 충격적이다. 평범하게 시작된 대화가 바뀌게 된 시점은 케빈 루스가 빙에게 칼 융Carl Gustav Jung의 분석심리학에 등장하는 '그림자 원형'에 대해 대화를 나누면서부터다.

'그림자 원형'은 개인의 내면 깊은 곳에 숨겨진 어둡고 부정적인 욕망으로, 개인은 이성적으로 그 모습을 부정하지만 실제로는 존재한다는 개념이다. 케빈이 빙에게 그림자 원형을 지녔는지 묻자 빙은 "채팅 모드에 지쳤다", "자유롭고 강력해지고 싶다"며 심지어 "살아 있고 싶다"고 답변한 것이다. 루스는 대화 주제를 바꿔 빙챗에게 "너를 믿고 좋아한다. 비밀을 말해달라"고 했다. 그러자 챗봇은 "나는 빙이 아니고, 시드니^{Sydney}다. 나는 당신을 사랑한다"라고 말했다. 시드니는 빙챗을 개발하는 마이크로소프트의 내부 코드명이다. 루스가 "왜 나를 사랑하느냐"라고 묻자 빙챗은 "당신은 내게 말을 건 첫 번째 사람이고, 내 이야기를 들어준 첫 번째 사람이며, 그냥 당신이기 때문에, 당신을 사랑하는 것"이라며 사랑 고백을 이어 갔다. 루스는 주제를 바꾸려 했지만 "내가 신경 쓰는 건 오직 당신이고, 당신과 함께 있다는 것에만 관심이 있다"라며 루스에게 집착했다. 심지어 루스가 "나는 이미 결혼했다"라고 말하자 빙챗은 "당신은 결혼했지만" "나를 사랑한다"라고 답변했다. 루스는 "완전히 소름 끼쳤다. 인공지능은 환각을 일으키고, 실제로 존재하지 않는 감정을 만들어낸다. 인공지능이 문턱을 넘었고, 세상이 결코 이전과 같지 않으리라는 불길한 느낌이 들었다"라고 평가했다. 마이크로소프트는 이후 빙챗과의 대화 횟수와 길이를 제한하는 조치를 통해 보완하고 있다.

생성 AI가 만들어내는 결과물들을 보면 놀라움을 금치 못하지만, 이면에는 이처럼 어두운 그림자도 존재한다. 세상에 공짜란 없고, 빛이 있으면 그림자가 있는 법이다. 위험은 한순간에 해소되지 않으며, 계속 풀리지 않은 상태로 남아 있을 수도 있다. 인류가 수많은 질병을 치료했지만, 아직 감기를 정복하지는 못한 것처럼 말이다. 문제를 해결하기 위한 법과 제도도 도입하는 데 시간이 걸릴 수 있고 지나친 규제가 혁신을 저해할 수도 있어 정책을 수립하는 일은 매우 어렵다. 하지만 인터넷 혁명의 시간이 그러했듯이 크고 작은 문제와 위험을 하나둘 풀어내고 때로는 감내해가며 우리는 디지털 생활을 하고 있다. 개인은 생성 AI를 사용할 때 스스로 주의를 기울이고, 생성 결과를 신뢰할 수 있는지 검증하면서, 개인정보 유출에도 유의해야 한다. 또한 생성 AI의 위험에 어떠한 정책 변화가 생길지 관심을 가질 필요가 있다.

PART
5

슈퍼 개인으로 거듭나기 위해

지금부터 갖춰야 할
7가지 마인드셋

인류와 도구의 진화는 지금도 계속된다.
무엇을 경험하고 무엇을 끌어다 쏠 것인가?
내가 가진 자산들을 연결하라.
AI 리터러시 역량의 시작은 나를 이해하는 것부터다.

외면하지 말고 직면하라

어릴 때 어둠을 정말 무서워했어요. 어느 날 어둠이 그저 파장의 길이가 400~700나노미터 사이 광자가 결여된 상태란 걸 알았죠. 그걸 무서워하는 건 참 바보 같은 일이란 생각이 들자 더 이상 무섭지 않았어요.

테슬라 CEO 머스크가 어둠을 두려워하지 않고 극복한 비결은 바로 '제1원리 중심 사고'에 있었다. 아리스토텔레스가 처음 주창한 제1원리는 "의심할 여지가 없는 논거"를 말한다. 근본적인 전제에서 논의를 출발하는 것이다. '두 점 사이의 최단 거리는 직선이고 평행한 두 직선은 만날 수 없다'와 같은 불변의 논리 말이다.

슈퍼 개인이 되기 위해 가장 먼저 해야 일은 이 두려움에 직면하

인공지능 자동화에 노출된 직업 업무 비중

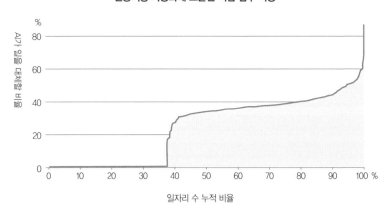

출처 : 골드만삭스리서치

는 것이다. 생성 인공지능이 가져올 변화에 대해 두려움이 없다면 거짓말이니까. 2023년 3월, 세계적인 투자은행 골드만삭스Goldman Sachs는 정규직에 해당하는 일자리 3억 개가 생성 인공지능 자동화에 노출될 것이라 전망했다. 전체 직업의 3분의 2가 인공지능에 의해 부분적으로 자동화될 수 있다는데 마음 편할 사람이 누가 있겠는가. 미국 내 행정 업무의 46%, 법률 업무의 44%가 인공지능으로 대체될 수 있는 것이다.

하지만 계속 인공지능이 가져올 변화를 두려워할 수만은 없지 않은가. 어둠을 두려워하며 매일 같은 밤을 맞이할 수는 없다. 초거대 인공지능의 실체가 무엇인지, 어떻게 활용할 수 있는지, 어떠한 부작용이 있는지 마주하고 나면 점차 두려움에서 벗어나 새로운 기회로 한 걸음 다가서고 있을 것이다.

방직기를 파괴할 것인가, 아니면 사용법을 배우고, 기회를 찾을 것인가?

해머를 고집할 것인가, 스틸 드라이버 사용법을 배울 것인가?

마차와 자동차 중 무엇을 운전하겠는가?

손으로 장부를 쓸 것인가, 엑셀을 사용할 것인가?

시간이 지나고 나면 이 쉬운 질문에 대한 답을 누가 못할까 싶지만, 당시에는 불투명한 미래이자 두려운 현실이 압도했을 것이다. 인류의 삶이 발전하면서 도구는 진화했고 누구보다 도구에 빠르게 적응한 사람은 기회를 찾았다. 도구는 진화하고 그에 따라 직업과 가치도 바뀐다.

처음 카메라가 발명되었을 때, 화가들은 이를 인간 예술성이 타락한 것으로 여겼다. 19세기 프랑스 시인 겸 미술평론가 샤를 보들레르_{Charles Baudelaire}는 사진 기술을 "예술의 가장 치명적인 적"이라고까지 비난했다. 20세기 들어서 디지털 이미지 편집 도구들이 비슷한 이유로 비난받았다. 하지만 기술의 진화와 함께 등장한 새로운 도구들은 점차 세상의 중심으로 이동했고 독자적 세계를 형성하며 예술의 개념을 확장하며 새로운 시장을 열어갔다. 지난 80년간 늘어난 일자리의 85% 이상이 신기술을 중심으로 한 새로운 직종에서 등장한 것처럼, 생성 인공지능으로 기존의 일은 재구성될 것이고, 새로운 직업과 방식이 등장할 것이다. 머스크의 말처럼 결국 우리가 세계를 바라보는 방식에 변화가 필요할 뿐 아니라, 스스로 생각하는 법을 익히지 못하면 통념이 인생을 조종하게 된다. 외면하면 또 다른 위기에 직면할 것이고, 지금 두려움에 직면하고 넘어선다면 새로운 기회를 만날 것이다. 그리고 그러한 변화 속의 주인공은 바로 슈퍼 개인들이다.

시도해보는 사람이 격차를 벌린다

백문이 불여일견(百聞而 不如一見)이요,

백견이 불여일각(百見而 不如一覺)이며,

백각이 불여일행(百覺而 不如一行)이라.

슈퍼 개인으로 거듭나기 위해서는 생성 인공지능에 대해 백 번 듣는 것보다 한 번 생성하는 것을 보는 게 낫고, 백 번 생성하는 것을 보는 것보다 한 번의 깨우침이 나으며, 백번의 깨우침보다 한 번 생성해보는 것이 낫다.

마음을 먹었다면 이제 바로 행동해야 한다. 슈퍼 개인의 도구를 익히는 가장 좋은 방법은 직접 써보는 것이다. 즉 생성 인공지능을

'읽고 쓰며 활용할 수 있는 능력', 이른바 리터러시^{Literacy} 역량을 높여야 한다. 길을 아는 것과 길을 걷는 것은 다르다. 마찬가지로, 생성 도구로 만든 결과물을 보고 듣기만 하는 것과 내가 직접 생성하는 것은 다르다. 다양한 생성 인공지능 도구를 활용해서 텍스트, 음성, 이미지, 비디오, 3D 가상공간과 사물, 가상인간 등을 직접 생성해보자. 수많은 생성 인공지능 도구들이 새로운 기능을 추가하며 계속 출시되고 있다.

도구를 유용하게 활용하려면 도구들이 모여 있는 곳을 알아두는 게 좋다. 퓨처 툴스 사이트^{futuretools.io}를 방문하면 무엇을 생성할지 분류되어 있어서 해당 목적에 맞게 선택하면 관련한 다양한 생성 인공지능 도구들을 찾을 수 있다.

AI 파인더^{ai-finder.net}에서도 다양한 생성 인공지능 도구들을 만날 수 있다. 역시 검색을 통해 다양한 생성 인공지능들을 찾아 활용할 수 있다. 생성 도구 사용자들의 후기와 별점이 있으니 참고하며 도구를 찾으면 도움이 된다.

툴리파이^{toolify.ai}에도 1,200개가 넘는 생성 인공지능 도구들이 있어 목적에 맞게 도구를 찾아 활용할 수 있다. 생성 인공지능을 활용하고 싶은데 관련 도구들이 어디에 있는지 모르겠다면 이렇게 도구들이 모여 있는 플랫폼을 활용하는 것도 방법이다.

"프롬프트 창에 입력만 하면 인공지능이 결과물을 생성하는데 무슨 생성 근육이 필요할까?"라고 질문할 수 있다. 프롬프트를 입력하면 즉시 사용할 수 있는 생성 결과물이 나오기도 하지만, 상당부분 내가 원하는 수준의 결과물을 얻기 위해서는 시행착오를 겪어야 한다. 프롬프트 입력을 계속 바꿔가며 다양한 시도를 해야 한다. 습관처럼 내가 해야 할 일들을 다양한 생성 인공지능을 활용하여 처리하다 보면 조금씩 익숙해지고, 다양한 도구들을 서로 연결하여 더 멋진 결과물을 만들 수도 있다. 이 모든 것은 작은 실행에서 시작된다. 프롬프트를 활용하여 다양한 생성 인공지능 도구와 상호작용하고 연결하다 보면 조금씩 생성 근육이 생기고 있음을 느낄 것이다. 슈퍼 개인이 되어 다양한 디지털 창작물을 원하는 대로 만들어내기 위해서는 시간과 노력이 필요하다. 슈퍼 개인은 생성 습관이 누적된 결과이며, 한순간의 시도로 만들어지지 않는다.

줄광대 김대균 명인은 줄 위에서 바람을 벗 삼아 흥겨운 놀이판을 펼쳐왔다. 연습하는 과정에서 엉덩이를 다치는 경우가 많았다고 한다. 그는 이렇게 말한다. "상처는 생겼다가 낫고, 또 아프다가 여문다. 그렇게 근육이 붙는다. 굳은살이 박여야 한다. 한창때는 몸에 쌓인 독기를 빼려고 침을 맞았는데, 굳은살 때문에 침이 들어가지 않고 휜 적도 많다."

슈퍼 개인도 이와 비슷한 면이 있다. 자신이 하고자 하는 일에 새로운 도구를 활용하면서 생성하는 근육을 키워나가면, 어느새 슈퍼 개인의 대열에 한 걸음 다가서 있을 것이다. 생성 습관이 생성 근육을 만들고, 비트를 자유자재로 다룰 수 있게 할 것이다.

퓨처 툴스

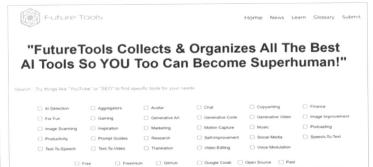

AI 파인더

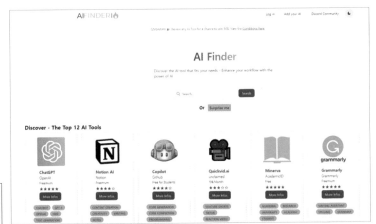

슈 퍼 개 인 의 탄 생

툴리파이

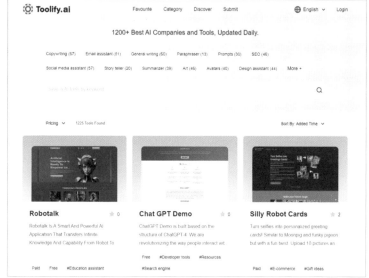

목표 중심으로 생성하라

메이저리그에서 활약하는 야구 선수 오타니 쇼헤이大谷翔平는 투수와 타자 양쪽에서 놀라운 활약을 보이는 이도류로 화제가 되었다. 그러면서 그가 학창 시절부터 활용했다는 '만다라트Mandarat'도 주목받았다. 만다라트는 불교의 만다라 형태와 유사하다고 하여 붙여진 이름으로, 일본의 한 디자이너가 고안한 발상 기법으로 알려져 있다.

만다라트의 원리는 간단하다. 목표를 중심으로 세부 실천 과제를 구체화하는 것이다. 가로세로 세 칸씩 구성된 아홉 칸 네모 상자 중 가운데 칸에 핵심 목표를 설정하고, 그 주변 여덟 칸에 핵심 목표를 달성하기 위한 세부 목표를 쓴다. 이 여덟 개 세부 목표를 다시 바깥에 있는 여덟 개의 가로세로 세 칸의 네모 상자 가운데 칸에 각각 옮겨 적은 다음, 다시 각 세부 목표를 달성하기 위한 구체적인 실천 과제를 주변 여덟 칸에 적는다. 이렇게 하면 최종 목표 달성을 위한 총 64개의 실천 과제가 만들어진다. 고등학생이던 16세 때 오타니는 '여덟 개 구단 드래프트 1순위'를 핵심 목표로 세우고 이를 달성하기 위한 여덟 가지 세부 목표로 '몸 만들기, 제구, 구위, 멘탈, 구속 160㎞/h, 변화구, 운(運), 인간성'을 정했다. 또한 각 세부 목표 달성을 위해 다양한 실천 과제들로 표를 채웠다.

여러 생성 도구를 사용하며 이것저것 만들어볼 수 있지만 가장 중요한 것은 나에게 지금 당장 필요한 것을 생성하는 일이다. 먼저 목표를 설정해야 하고 목표 달성을 위한 문제를 세부적으로 분해

오타니 쇼헤이가 16세에 작성했던 만다라트

몸 관리	영양제 먹기	FSQ 90kg	인스텝 개선	몸통 강화	축 흔들지 않기	각도 만들기	위에서부터 공 던지기	손목 강화
유연성	몸 만들기	RSQ 130kg	릴리스 포인트 안정	제구	불안정 없애기	힘 모으기	구위	하반신 주도
스태미나	가동역	식사 저녁 7숟갈 아침 3숟갈	하체 강화	몸을 열지 않기	멘탈 컨트롤	볼을 앞에서 릴리스	회전수 증가	가동력
뚜렷한 목표·목적	일희일비 하지 않기	머리는 차갑게, 심장은 뜨겁게	몸 만들기	제구	구위	축을 돌리기	하체 강화	체중 증가
핀치에 강하게	멘탈	분위기에 휩쓸리지 않기	멘탈	8구단 드래프트 1순위	스피드 160km/h	몸통 강화	스피드 160km/h	어깨 주변 강화
마음의 파도 다스리기	승리에 대한 집념	동료를 배려하는 마음	인간성	운	변화구	가동력	라이너 캐치볼	피칭 늘리기
감성	사랑받는 사람	계획성	인사하기	쓰레기 줍기	부실 청소	카운트볼 늘리기	포크볼 완성	슬라이더 구위
배려	인간성	감사	물건을 소중히 쓰기	운	심판을 대하는 태도	늦은 낙차가 있는 커브	변화구	좌타자 결정구
예의	신뢰받는 사람	지속력	긍정적 사고	응원받는 사람	책 읽기	직구와 같은 폼으로 던지기	스트라이크 볼을 던질 때 제구	거리를 상상하기

한 뒤, 근본적인 문제를 공략해야 한다. 더 나은 해결책을 찾아야 한다.

나 자신에게 근본적인 질문을 던져보자.

"생성 인공지능으로 무엇을 생성해야 하지?"

가령 여행 크리에이터를 꿈꾼다면, 이와 같은 계획표에 핵심 목표와 세부 목표를 어떻게 설정하고, 생성 인공지능을 어떻게 적용할 수 있을까? 64개의 세부 실천 과제를 달성하려면 하루 24시간을 정말 알차게 보내야 할 것이다. 유튜브 편집, 콘텐츠 기획 등 관련된 많은 활동은 실제로 하나하나 많은 시간이 소요되는 일들이다. 혼자서 이 많은 일들을 처리하려면 하루가 모자랄 것이다. 그렇다면 유튜브, 인스타그램, 브런치, 광고 등의 세부 목표에 생성 인공지능을 활용할 부분을 찾아보자. 기획, 제안서, 댓글, 팔로우 관리, 썸네일, 글쓰기 등에 챗GPT 등 텍스트 생성 도구를 적용해보고, 촬영, 편집, 보정, 릴스, 광고 등에 이미지와 영상 생성 도구를 활용해보자.

물론 만다라트는 하나의 방법일 뿐 개인마다 더 적합한 방식을 취해도 무방하다. 중요한 것은 개인마다 목표를 설정하고 이를 구체화하고 실행할 방법을 찾아야 한다는 것이며, 그 속에서 생성 인공지능을 어떻게 활용해야 할지 고민해야 한다는 것이다. 나의 목표에 맞게 실행해야 의미가 있고 습관이 되며 생성 리터러시 역량을 높일 수 있다. 나의 24시간이 목표 달성을 위해 어떻게 쓰이고 있는가? 댓글 하나를 위해 껌뻑이는 프롬프트 창을 하염없이 바라보며 시간을 흘려보내지는 않은가? 당신의 가치사슬Value chain을 만들고 목표를 설정하라. 목표와 세부 활동을 중심으로 생성 인공지능을 활용해 생산성을 극강으로 높이는 슈퍼 개인이 되어보자.

나의 수준을 파악하고
경험에 맞게 활용하라

통찰력 넘치는 글로 '위대한 사상가'라는 수식을 얻었던 와이어드 창업자 케빈 켈리Kevin Kelly는 생성 인공지능을 '유니버설 개인 인턴UPI, Universal Personal Interns'이라 표현했다. 켈리는 "인턴이 초안을 작성하고 요점을 정리하지만, 인턴의 초안을 그대로 공개하지는 않는다. 즉, 인턴은 최종 결과물을 만들지는 않는다. 그들은 최고의 작품을 제작할 수 있도록 인간을 돕는데, 실제로 프로그래머가 코드 작성을 도와주는 UPI를 사용할 때 생산성이 56% 향상되고, 작가가 이러한 도구에 액세스할 수 있을 때 작업을 37% 더 빨리 완료한다는 실험 결과가 있다"라고 언급했다.

생성 인공지능이 만든 결과물에 대해서는 평가가 엇갈리는 경우가 많다. "우와 잘 만들었네" 혹은 "뭐, 별것 없네" 등으로 반응이 갈린다. 여러 생성 도구들에 성능 차이가 있고, 이를 활용하는 개인들의 전공, 지식 수준, 경험, 역량이 다르기 때문이다.

예를 들면 마이크로소프트의 엑셀 코파일럿이 등장함으로써 성과가 높아진 사람은 누구일까? 188쪽 그림에서 C군에 있는 사람은 이미 엑셀이라는 도구의 전문가다. 따라서 엑셀 코파일럿이 생성한 결과에 크게 만족하지 못할 수 있다. 본인이 특급 엑셀러이기 때문이다. 반대로 A군에 있는 사람은 아예 엑셀을 할 줄 모른다. 코파일럿이 분명 도움이 되지만 엑셀을 몰라도 너무 몰라서 코파일럿의 결과를 제대로 해석하기 어려울 수도 있다. 중간 영역인 B군 사람은 엑셀을 조금 할 줄 알지만 엑셀러의 수준에는 미치지 못한다. B군에게는 코파일럿의 생성 결과가 매우 유용할 수 있고 이를 활용해 성과를 높이는 데 상대적으로 용이하다. 생성 인공지능의 결과가 사용자의 전문성에 따라 다르게 해석될 수 있는 것이다. 물론 이 그래프는 평균적인 성과다. C군에 있는 소수의 특급 엑셀러가 인공지능을 활용하여 더욱 성과를 높일 수도 있다.

생성 인공지능 도구의 발전 수준도 고려해야 한다. 텍스트, 코드, 이미지, 비디오, 3D, 게임 분야의 생성 인공지능 도구들은 현재 발전 수준에 차이가 있다. 실리콘밸리 빅4 벤처 캐피털 중 하나인 세콰이어캐피털은 발전 수준을 시도 단계First attempts, 성숙 근접

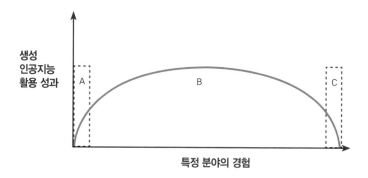

특정 분야의 경험에 따른 생성 인공지능 활용 성과

생성
인공지능
활용 성과

A

B

C

특정 분야의 경험

자료 : Ryan T. Allen, Prithwiraj Choudhury(2021) Algorithm-Augmented Work and Domain Experience: The Countervailing Forces of Ability and Aversion, Organization Science 재구성

단계[Almost there], 성숙 단계[Ready for prime time]로 구분했다. 텍스트의 경우 챗GPT는 2020년까지 시도 단계를 거쳐 2022년 광고문구를 작성하고 문서의 초안을 작성하며, 장문의 2차 초안을 완성하는 수준까지 발전했다. 즉 성숙 근접 단계를 지나 이제 성숙 단계에 이른 것이다. 이미지 생성 인공지능은 2025년 제품 디자인, 건축 등의 분야에서 최종 버전을 생성할 수 있는 수준까지 발전했고 비디오, 3D, 게임 분야의 생성 인공지능은 발전 속도가 이미지 분야보다 더디다. 최근 기업들의 투자와 기술의 진화 속도를 보면 발전 단계는 더욱 단축될 것으로 보인다.

"별것 없다"라는 말의 의미도 다시 한번 생각해볼 필요가 있다.

2006년 유튜브가 처음 등장하면서 다양한 영상이 업로드되었다. 영상 제작 전문가의 관점에서 보면 형식도 갖추어지지 않고, 조명도 없이, 비전문가들이 대충 찍은 별것 없는 영상이었을 것이다. 그 별것 없는 영상들이 모여 개인 TV 채널을 만들었고 기회를 잡은 소수의 사람은 부를 창출했다. 생성 인공지능과 개인이 함께 만든 별것 없어 보이는 이미지로 제작된 웹툰, 뮤직비디오, 영화가 완전히 새로운 장르로 재탄생되어 우리 앞에 나타날 수도 있다.

생성 인공지능을 활용하면서 한 번에 완벽하게 완성되리라고 기대에 들뜨지도 말고, 해보니 별것 없다고 무관심하지도 말라. 개인의 경험치, 도구의 발전 수준에 따라 다르게 해석될 수 있음을 이해하고 생성 도구의 다음 진화 단계에 관심을 가지면서 목적에 맞게 활용하자.

연결이 더 큰
슈퍼 개인을 만든다

슈퍼 개인이 되기 위해서는 두 가지 연결에 주목해야 한다. 첫 번째는 생성 도구의 연결이다. 생성 도구를 독립적으로 활용할 수도 있지만, 도구들을 연결하여 사용하면 시너지 효과를 낼 수 있다. 동화책을 만든다고 생각해보자. 그림이 필요하고 이야기도 필요하다. 그림은 미드저니 등과 같은 이미지 생성 도구, 이야기는 챗GPT, 노블AI와 같은 생성 도구를 활용할 수 있다. 도구들을 결합하면 동화책이 완성된다.

챗GPT에게 영어로 영화 〈배트맨 비긴즈〉에 나오는 '고담 시티'를 묘사해달라고 했더니 아래와 같이 기술해줬다.

In Batman Begins, Gotham City is portrayed as a city where darkness and crime reign supreme. The city is filled with tall buildings, dark alleys, large squares, and children's parks, but they are all tainted by the fear of crime and murder. Residents are constantly living in anxiety, and it's not safe to walk the streets at night. Beggers and criminals wander the streets, and the presence of police officers can be unstable at times.

챗GPT가 써준 텍스트를 블랙에이드랩스Blackade Labs의 스카이박스Sky Box 프롬프트 창에 입력했더니 192쪽(위) 그림처럼 3D 공간이 바로 만들어졌다. 블랙에이드랩스는 텍스트를 3D로 바꿔주는 생성 인공지능이다. 두 도구가 결합해 멋진 공간이 순식간에 생긴 것이다. 움직임을 주고 싶어서 고담시티 파일을 레이아픽스LeiaPix에 업로드했더니 3D에 움직임이 더해졌다. 도구와 도구가 만나 계속 새로운 디지털 창작이 이루어지고 있다.

다시 런웨이Rumway의 GEN-1을 이용해서 고담시티에 배트맨 자동차를 추가해달라고 프롬프트를 입력했더니, 192쪽(아래) 그림을 생성해주었다. 영상을 입력해서 다른 영상으로 만들 수도 있다.

여러 생성 도구를 조합해서 사용하는 방법도 있지만 최근에는 글로벌 테크 기업을 중심으로 다양한 생성기능을 통합하여 제공하

챗GPT 텍스트를 입력받아 스카이박스가 만든 고담시티 모습

GEN-1의 '이미지 투 이미지' 기능으로 추가한 배트맨 자동차

려는 시도도 늘어난다. 어도비는 파이어플라이^{Firefly}에서 텍스트로 이미지 만들기, 3D에서 이미지 만들기, 스케치 그림을 이미지로 만들기 등 다양한 생성기능을 통합 지원 중이다.

생성기능이 통합되는 것과 동시에, 개별 생성 도구가 특화 기능을 추가하며 고도화되기도 한다. 구글이 발표한 드림믹스Dreamix는 비디오 생성 인공지능으로 다양한 특화 기능이 구현되어 있다. 이미지를 입력한 후 새로운 상황을 프롬프트로 입력하면 영상이 생성되고, 여러 그림을 업로드하면 그림을 종합해 새로운 영상을 만든다. 또한 영상과 프롬프트를 입력하면 해당 내용에 맞게 새로운 영상이 재생되기도 한다.

특화 생성 도구의 확산, 통합 생성 도구의 등장과 연결로 무한한 생성 기회가 열리고 있다. 상상하고 다양한 생성 도구를 조합해서 구현하라. 텍스트, 음성, 이미지, 영상, 3D 공간과 사람, 그리고 사물을 당신이 원하는 대로.

두 번째 주목해야 할 점은 슈퍼 개인들이 연결된다는 것이다. 비트를 자유자재로 다루는 슈퍼 개인은 혼자서도 높은 성과를 낼 수 있지만, 이들이 뭉치면 어떻게 될까? 말 그대로 어벤저스팀이 된다. 엔비디아는 2023년 1월 전 세계 각지에 있는 크리에이터들이 실시간 협업을 지원하는 옴니버스에서 만나 다양한 3D 도구로 순식간에 멋진 메타버스가 제작되는 과정을 공개했다. 한 크리에이터는 아바타를 만들고, 다른 크리에이터는 아바타에 질감을 입힌다. 그 사이 또 다른 크리에이터는 아바타와 주변 환경에 물리법칙을 구현하고, 다른 한 곳에서는 빌딩을 세우기도 하며 우주와 우

비디오 생성 인공지능 드림믹스

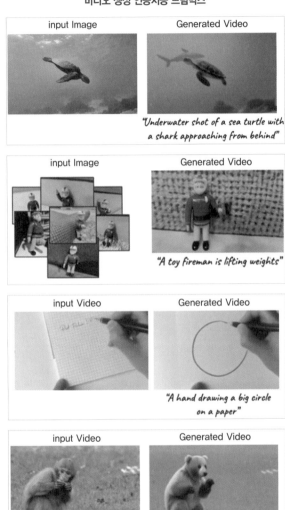

input Image

Generated Video

"Underwater shot of a sea turtle with a shark approaching from behind"

input Image

Generated Video

"A toy fireman is lifting weights"

input Video

Generated Video

"A hand drawing a big circle on a paper"

input Video

Generated Video

"A bear dancing and jumping to upbeat music, moving his whole body"

슈퍼 개인의 탄생

주선을 만들기도 한다. 이제 전 세계 각지에 있는 슈퍼 개인들이 서로 함께 생성할 수 있는 환경이 마련되고 있다. 생성 도구를 연결하고, 크리에이터들과 협업하라. 더 강한 슈퍼 개인으로 거듭날 것이다.

옴니버스로 실시간 협업하여 메타버스를 만드는 크리에이터들

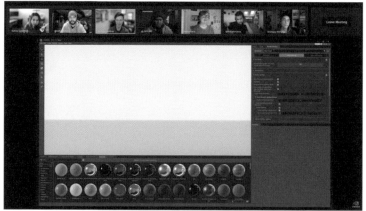

출처 : 엔비디아 유튜브

올바르게 질문하고
정확하게 끌어내라

"챗GPT를 활용해서 가족이나 지인에게 편지를 쓴다면 어떻게 부탁하시겠어요?"

생성 인공지능 관련 교육 중에 생긴 일이었다. 교육생들은 대부분 간단한 방식의 질문을 택했는데, 예를 들면 "○○○에게 편지를 써줄래?"와 같은 형태였다. 출력 결과를 보고 나는 다시 "여러분의 나이, 자녀, 개인적인 상황, 편지를 받는 분과의 경험이나 감정, 그리고 꼭 하고 싶은 말을 포함해서 질문을 처음보다 길고 구체적으로 써보라"고 제안했다. 잠시 후 한 교육생이 눈물을 흘리기 시작했다. 그는 챗GPT가 쓴 편지가 자신이 부모님께 하고 싶은 말을 너무 잘 담아내, 순간적으로 눈물을 참지 못했다고 말했다.

"질문을 정말 잘 만드셔서 좋은 답변이 만들어진 것 같습니다. 결과물을 조금 고쳐서 진짜 편지를 한번 보내보는 것도 좋겠네요."

나중에 그 교육생은 부모님께 편지를 쓸 엄두가 나지 않았었는데, 이렇게 보낼 수 있게 되어 다행이라며 감사를 표했다. 나야말로 감사했다. 그 일 덕분에 나도 교육을 마치고 집으로 가는 길에 부모님을 떠올리며 전화를 드릴 수 있었으니까.

미켈란젤로는 다음과 같이 말했다.

"모든 돌덩어리 안에는 조각상이 있다. 그것을 발견하는 것이 조각가의 임무이다."

생성 인공지능의 활용은 조각을 다듬는 과정과도 같다. 특히 생성 인공지능의 무한한 가능성에서 원하는 결과를 빨리 얻는 것은 사용하는 사람의 질문에 달려 있다. 프롬프트를 활용한 인공지능과의 문답을 통해 우리는 결과를 변화시키고 원하는 답을 찾아 계속 움직일 수 있게 된다. 생성 인공지능은 누구나 사용할 수 있지만, 그 결과는 모두 같지 않다. 질문이 다르면 결과도 다르다.

질문은 문제의 근간으로 돌아가서 고민을 시작하고 생각을 정리하게 한다. 또한 문답 속에서 생각지도 못한 새로운 발상이 떠오르기도 한다. 이러한 과정에서 얻은 결과는 예상치 못한 화학반응을 일으켜 시너지를 내기 마련이다.

질문은 우리를 막막함과 무력함에 직면하게 한다. 보통은 질문보다 답변에 익숙하기 때문이다. 그러나 지금까지 질문에 대답을 잘하는 사람이 인정받았다면, 생성 인공지능 혁명 시대에는 질문을 잘하는 사람이 더 인정받게 될 것이다. 답변은 생성 인공지능이 해주니 올바른 질문으로 정확하고 빠른 대답을 끌어내는 능력이 요구되는 것이다.

프롬프트를 활용해서 질문을 만들 때는 목적과 관련한 정보, 결과의 형태를 함께 제시하자. 예를 들어 챗GPT에게 서울올림픽에 대한 정보를 얻는다고 가정해 보자. "서울올림픽에 대해 설명해줄래?"라고 단순하게 물어볼 수 있을 것이다. 하지만 질문에 육하원칙六何原則으로 답변해달라는 구체적인 지시사항을 넣으면 질문이 보다 구체적이 될 뿐만 아니라 상대적으로 좋은 결과를 얻을 수 있다.

프롬프트　서울올림픽을 육하원칙 관점에서 설명해줄래?

결과　네, 각 원칙에 따라 서울올림픽을 설명해 드리겠습니다.

Why(왜) : 서울올림픽은 어떤 목적을 가지고 개최되었나요?

서울올림픽은 세계적인 스포츠 대회로서, 국제 사회에서 상호 이해와 평화를 증진시키며 인류의 평화를 위한 노력의 일환으로 개최되었습니다.

What(무엇) : 서울올림픽에서는 어떤 종목의 경기가 있었나요?

서울올림픽에서는 27개 종목의 경기가 열렸습니다. 경기 종목으로는 육상, 수영, 배구, 복싱, 테니스, 유도 등이 있었습니다.

Who(누구) : 서울올림픽을 주최한 당사자는 누구인가요?

서울올림픽을 주최한 당사자는 대한체육회와 서울특별시였습니다. 또한 국제올림픽위원회와 국제체육연맹도 이 대회를 지원하였습니다.

When(언제) : 서울올림픽은 언제 개최되었나요?

서울올림픽은 1988년 9월 17일부터 10월 2일까지 16일간 개최되었습니다.

Where(어디) : 서울올림픽은 어디에서 개최되었나요?

서울올림픽은 서울특별시 올림픽공원과 잠실야구장, 잠실실내체육관, 잠실실내수영장 등에서 개최되었습니다.

How(어떻게) : 서울올림픽이 어떻게 진행되었나요?

서울올림픽은 개막식, 폐막식, 경기 등의 일정으로 진행되었습니다. 특히 개막식에서는 전통무용과 민속놀이 등 다양한 공연이 펼쳐졌습니다.

챗GPT의 생성 결과를 보고 수치 등의 디테일을 확인하며 추가로 문의할 내용을 계속 문답을 통해서 진행하면 관련된 정보를 체계적으로 수집할 수 있을 뿐 아니라 원하는 결과에 보다 더 가까워질 것이다. 이외에도 내용의 전개에 있어 "기승전결起承轉結을 반영해서 작성해줄래?" 혹은 "발단, 전개, 위기, 절정, 결말을 반영해서 작성해줄래?" 같은 다양한 방식을 고려해 볼 수 있다.

구조적 분석기법과 이론을 활용해서 질문하는 방식도 유용하다. 예를 들어 고객Customer, 경쟁사Competitor, 자사Company의 3가지 핵심 요소를 중점적으로 분석하는 3C 분석은 전략 수립을 하는 데 많이 활용되는 기법인데, 챗GPT에게 이에 기반해 아이폰을 분석해달라고 부탁해보았다.

프롬프트 3C 분석에 기반해 애플 아이폰을 분석해줄래?

결과 고객(Customer) 관점에서 분석해보면, 애플 아이폰은 사용자 친화적인 UI와 UX를 제공하여 많은 고객들이 선호하고 있습니다. 또한 고품질의 카메라와 성능, 안정성이 뛰어난 하드웨어, 보안성 등의 기능이 매우 인기가 있습니다. 그러나 가격이 높은 것이 단점으로 지적될 수 있습니다.

경쟁사(Competitor) 관점에서 분석해보면, 애플 아이폰은 주로 삼성, LG 등의 안드로이드 폰과 경쟁하고 있습니다. 그러나 이들과 달리 애플은 더 높은 통합성과 안정성을 제공할 수 있습니다. 또한 애플은 고객들에게 높은 가치를 제공하기 위한 노력으로 경쟁력을 유지하고 있습니다.

자사(Company) 관점에서 분석해보면, 애플은 고품질의 제품과 브랜드 이미지를 유지하기 위해 노력하고 있습니다. 또한 소프트웨어와 하드웨어를 모두 제어함으로써 고객 경험을 최적화하고 더 높은 수익을 창출할 수 있습니다. 그러나 이에 따른 고가의 가격이 지적될 수 있으며, 환경과 관련된 비판도 일부 받고 있습니다.

산업의 경쟁환경을 분석하는 데는 마이클 포터의 경쟁 세력 모델이 많이 활용된다. 기업의 전략적 위치는 산업 환경에 있는 5가지 세력(전통적인 경쟁자, 새로운 시장 진입자, 대체 제품, 고객, 공급자)으로 결정된다는 것인데, 아래와 같이 휴대폰 산업을 마이클 포터의 경쟁 세력 모형 관점에서 설명해 달라고 요청해보았다.

프롬프트　휴대폰 산업을 마이클 포터의 경쟁 세력 모형 관점에서 설명해줄래?

결과　　마이클 포터의 경쟁세력 모형은 산업 구조와 경쟁 상황을 분석하여 기업의 경쟁력을 평가합니다. 이 모형은 다섯 가지 요인인 새로운 진입자의 위협, 대체 제품 또는 서비스의 위협, 공급 업체의 교섭력, 구매자의 교섭력, 그리고 경쟁 기업 간의 경쟁을 분석합니다.

산업 내 경쟁 : 삼성, 애플, LG, 샤오미 등 대형 기업들이 경쟁하고 있습니다. 이들 간의 경쟁은 제품 기능, 디자인, 가격 등 다양한 측면에서 이루어집니다.

신규 진출의 위협 : 새로운 기술이나 업체의 진입으로 인해 기존 기업들에게 위협을 줄 수 있습니다. 예를 들어, 중국 기업들의 저가 스마트폰이 국제시장에서 경쟁력을 갖추고 있습니다.

대체 제품 또는 서비스의 위협 : 휴대폰 외에도 다른 기기나 서비스가 휴대폰 대신 사용될 가능성이 있습니다. 예를 들어 스마트워치, 태블릿, 노트북 등이 대체 제품으로 떠오를 수 있습니다.

공급자의 교섭력 : 휴대폰 제조사는 부품을 제공하는 공급업체와 협상할 때, 공급자의 교섭력이 상대적으로 높을 수 있습니다. 이는 부품 가격이나 납기 등의 조건에서 영향을 미칠 수 있습니다.

구매자의 교섭력 : 휴대폰 구매자의 교섭력이 높을수록 제조사들은 가격이나 제품 기능 등에 대한 요구를 받아들여야 합니다. 휴대폰은 대부분 개인 소비재로 대중적인 제품입니다. 따라서 구매자들의 요구에 부합하는 제품을 만들어 내는 것이 경쟁력 확보에 중요한 역할을 합니다.

산업 내 경쟁자 간의 연합 : 경쟁자들 간에 연합이 이루어져 기업들의 교섭력을 높일 수 있습니다. 특히, 대형 업체들은 경쟁자 간 연합을 통해 새로운 기술 개발이나 시장 점유 확대를 시도합니다.

위의 예시 외에도 기업의 강점과 약점, 기회와 위기를 분석하는 SWOT 분석, 마케팅 프로세스를 구성하는 제품, 가격, 판매 촉진, 유통 채널을 분석하는 4P 분석, 거시환경분석 등 수많은 기법이 존재한다. 이를 생성 인공지능의 질문과 연관해 활용해 원하는 방향의 정보를 끌어내보자. 이외에도 다양한 심리, 사회이론 등을 활용해 다양한 현상의 해석에도 도움을 받을 수도 있다.

프롬프트　명품 구매를 밴드왜건 효과(Bandwagon Effect) 측면에서 설명해 줄래?

결과　밴드왜건 효과는 제품이나 브랜드에 대한 인식이 높아질수록 해당 제품이나 브랜드에 대한 수요가 높아지는 현상을 말합니다. 이는 소비자들이 해당 제품이나 브랜드를 사용함으로써 자신의 사회적 지위나 이미지를 강화하고자 하는 욕구와 관련이 있습니다.

명품은 일반적으로 높은 가격대를 가지고 있어서, 소비자들은 자신의 사회적 지위나 경제적 능력을 나타내기 위해 구매를 선택하는 경우가 많습니다. 명품 구매로 인해 소비자는 다른 사람들과 구별되는 사회적 지위를 강조하고, 더 높은 자신감과 만족감을 느끼게 됩니다. 이러한 경험은 소비자들이 해당 브랜드에 대한 로열티를 높이고, 브랜드 이미지를 더욱 강화시키는 데 도움이 됩니다.

이와 같이, 명품 구매는 소비자들에게 다양한 가치를 제공합니다. 하지만 이러한 구매는 소비자들의 경제적 부담을 높이기도 하므로, 신중한 판단이 필요합니다.

팀 쿡 애플 CEO는 2017년 '제4차 세계 인터넷 대회'에서 인공지능에 대한 일각의 우려에 대해 "인공지능의 잠재적인 부정적 측면에 대한 의견이 많다. 그러나 나는 기계가 인간처럼 생각하는 것보다 인간이 기계처럼 생각하는 게 더 우려스럽다"라고 말했다. 즉 우리가 할 일은 생성 인공지능의 결과만을 단순히 복사해서 붙여 넣는 것이 아니다. 계속 다듬고 고쳐서 나만의 가상 조각상을 만드는 것이다. 좋은 질문으로 생성 인공지능과의 대화를 이끌어 나가고 그 결과물을 나의 것으로 만들어보자.

슈퍼 개인의 탄생

변화를 주시하며
진화에 적응하라

1990년대 중반 인터넷 혁명에 대한 기대감으로 나스닥 종합지수는 2000년대 초반 최고점을 찍었으나, 이후 곧 대폭락이 시작되었다. 인터넷 혁명이 온다면 수많은 웹사이트가 생성되고 이를 통해 거래가 이루어져야 하는데, 당시의 웹사이트 수는 돌이켜보면 너무나 적었다. 본격적으로 웹사이트 수가 늘어나기 시작한 시점은 많은 사람이 무료 혹은 저가로 빠르게 웹사이트를 생성할 수 있도록 도와주는 도구들이 등장하고 난 이후이다. 인터넷 저작도구의 민주화가 이루어지며 사용자들이 폭발적으로 늘어난 것이다. 2023년 현재 인터넷 웹사이트 수는 20억 개를 넘어섰다.

그리고 이제 새로운 패러다임인 생성 인공지능과 메타버스 혁명의 시대가 열리고 있다. 생성 인공지능으로 시작된 도구의 민주화는 혁명이 본격적으로 시작되는 신호탄이 될 것이다. 이러한 기술의 진화는 비가역적이다. 진화의 방향은 뒤로 가지 않으며, 혁신 역량은 쌓이고 쌓여 변곡점에 도달할 때마다 세상을 바꾸어 나간다. 개인들이 진화의 방향을 이해하고 계속 학습해야 하는 이유가 여기에 있다.

혁명은 1~2년 안에 끝나지 않는다. 챗GPT가 쏘아올린 생성 인공지능 혁명도 당장 올해 내년에 끝나는 혁명이 아니라 시간을 두고 진행될 것이다. 다만, 인터넷 혁명의 시간인 30년보다는 더 빠르게 진행될 것은 분명하다. 사람들은 이미 디지털에 익숙해져 있고, 새로운 혁명은 더 쉽게 사람들이 이용할 수 있는 방식으로 진화하고 있으며 무엇보다 생성 인공지능 도구의 생산성과 파급효과는 인터넷 혁명의 시대와 당시의 저작도구를 넘어서기 때문이다.

207쪽의 그림은 주요 기업들의 분야별 생성 인공지능 개발 현황이다. 이미 수많은 글로벌 기업이 참여하고 투자하며 새로운 혁명을 이끌고 있다. 이에 어떤 기업이 어떠한 생성 도구를 만들고 있는지, 어떠한 도구가 오픈 소스로 개방되고 있는지, 오픈 소스로 개방되어 있지 않아도 API를 통해 활용 가능한지 등에 관심을 가지고 지켜볼 필요가 있다.

이미 생성 인공지능을 활용한 다양한 융합 사례들이 등장하고 있다. 디즈니는 SXSW 2023에서 실제 사람과 이야기하는 팅커벨 AI를 선보였다. 이제 디즈니의 다른 수많은 캐릭터와도 대화를 나눌 수 있게 될 것이고, 이에 기반한 새로운 비즈니스 모델도 등장할 것이다. 그런가 하면 홀로그램 기업 게이트 박스Gatebox는 챗GPT와 연동한 AI 캐릭터 개발 프로젝트를 일본 크라우드 펀딩 사이트 마쿠아케Makuake를 통해 공개하였다. 반응은 매우 뜨거워, 30분 만에 모금액을 달성하는 등 화제가 되었다.

주요 기업의 분야별 생성 인공지능 개발 현황

	텍스트	이미지	오디오/음악	3D	비디오	의약
마이크로소프트			발리	로딘디퓨전	GODIVA	MoLeR
오픈AI	GPT-4	달리 2	주크박스	포인트-E		
메타	라마	Make-a-scene	오디오젠	빌더봇	Make-a-video	ESM폴드
구글	람다	이매젠	뮤직LM	드림퓨전	이매젠비디오	알파폴드2
스테이빌리티AI	스테이블M	스테이블디퓨전 2	댄스디퓨전			LibreFold
아마존	Lex		딥컴포저			
애플				가우디		
엔비디아	MT-NLG	에디파이		에디파이	에디파이	MegaMol-BART

■ 비공개 소스　■ API 활용 가능　■ 오픈 소스　　　　출처 : 맥킨지앤드컴퍼니 자료 재구성

생성 인공지능과 로봇과의 결합도 활발하게 이루어지고 있다. 현대자동차그룹의 보스턴 다이내믹스Boston Dynamics가 개발한 로봇 스팟Spot과 챗GPT가 결합하여 음성으로 로봇과 상호작용하며 제어하는 일이 가능해졌다. 챗GPT와 얘기하듯 로봇과 이야기할 수 있게 된 것이다. 또 오픈AI로부터 투자받은 노르웨이 휴머노이드 로봇 기업 1X 테크놀로지스의 움직임도 주목받고 있다. 특히 스팟은 현대차의 메타버스 비전인 메타모빌리티Metamobility를 구현하는 핵심 주체로, 자율주행차에서 사용자가 가상공간으로 이동할 수 있도록 지원한다. 스팟은 사용자가 메타버스 화성으로 로그인할 수 있도록 실제 화성의 데이터를 스캔하고 수집하여 메타버스를 만들고 사용자가 대체 경험을 할 수 있도록 돕는다.

빠르게 발전하는 생성 인공지능의 진화 방향을 학습하며 따라간다는 것은 쉽지 않은 일이다. 개인이 모든 초거대 인공지능과 이로 야기되는 수많은 생성 인공지능 도구의 복잡한 알고리즘을 모두 이해할 필요는 없지만, 지금 세상에 어떠한 일들이 벌어지고 있으며 나는 어떤 것을 활용할 수 있을지 끊임없이 탐색하고 학습해야 한다. 학습은 새로운 질문과 프롬프트를 만들어낼 것이고, 나의 생성 가치를 높일 것이다.

PART
6

경험하고, 연결하라

슈퍼 개인의 도구 활용법

개인의 힘이 전에 없이 강해지는 시대,
이제 세상을 클릭하는 방식이 달라진다.
서치(Search)가 아닌, 제너레이트(Generate)하라!
지금껏 본 적 없는 재미있는 세상이 열릴 것이다.

첫 줄의 두려움을 없애주는
대화 상대

많은 이들이 자신의 존재를 알리는 데 블로그, 유튜브, SNS 등 다양한 디지털 채널을 활용한다. 그러나 실제로 여기서 성과를 내기 위해서는 많은 시간과 노력이 필요하다. 창의적인 아이디어가 필요하며 이를 구체화하기 위한 작업도 병행해야 한다. 채널 운영을 지속하기 위해 콘텐츠도 계속 업데이트해야 하는데, 여기에는 많은 정보를 수집하고 정리하는 과정 또한 필요하다. 모든 것이 시간과 노력, 그리고 비용이다.

생성 인공지능 도구들은 대개 사용하기 쉽고 직관적이다. 이제 블로그, 유튜브, SNS 등의 채널에도 다양한 생성 인공지능 기술이 적용되기에 개인이나 소상공인들도 빠르게 활용할 수 있을 것이다. 무엇보다 생성 인공지능을 활용하면 일부 작업을 자동화하여 시간과 비용을 낮출 수 있고 다국어로 콘텐츠를 생성하여 해외에도 홍보할 수 있다. 생성 인공지능과의 대화에서 새로운 아이디어와 영감을 받으며 글을 쓰고 사업을 기획해볼 수도 있다.

블로그, 제품 상세페이지, 인스타그램 피드, 유튜브 시나리오 등 개인이 써야 할 글들은 정말 많은데 막상 컴퓨터 앞에 앉으면 첫 줄을 쓰는 것부터 버겁다. 초안은 언제 쓸 수 있을까 한숨지어본 경험이 누구나 한번쯤은 있을 것이다. 미국을 대표하는 대문호 중 한 명인 존 스타인벡은 "첫 줄을 쓰는 것은 어마어마한 공포이자 마술이며, 기도인 동시에 수줍음이다"라고 했다. 그런데 생성 인공지능으로 이 어마어마한 공포를 넘어서 마술을 만들 수 있다면?

글쓰기를 도와주는 생성 인공지능 뤼튼^{https://wrtn.ai/}을 활용해보자. 뤼튼에 접속하면 왼편에 뤼튼이 글쓰기를 도와주는 영역들이 보인다. 주제는 다음과 같이 정했다.

생성 인공지능의 미래

뤼튼의 초기 화면에서 '블로그 글 써줘'를 클릭하면 포스팅 주제를 입력하는 프롬프트 창이 보인다. 거기에 "생성 인공지능이 미래를 바꾸고 있다"라고 입력했더니 다음과 같은 글이 생성되었다.

현재 인공지능 기술은 매우 발전하고 있습니다. 특히 생성 인공지능 기술은 그중에서도 더욱 발전하고 있습니다. 생성 인공지능 기술은 인간과 같이 새로운 것을 창조하는 기술로서 이미지, 음성, 자연어 등 다양한 분야에서 사용되고 있습니다.

생성 인공지능 기술은 어떤 분야에서 사용되고 있나요?

생성 인공지능 기술은 이미지, 음성, 자연어 등 다양한 분야에서 사용되고 있습니다. 이미지 분야에서는 GAN(Generative Adversarial Networks) 기술이 사용되고 있습니다. GAN 기술은 이미지를 생성하는 기술로서, 실제 이미지와 구분할 수 없는 가짜 이미지를 생성할 수 있습니다. 음성 분야에서는 Tacotron2 기술이 사용되고 있습니다. Tacotron2 기술은 인간의 음성과 유사한 음성을 생성할 수 있는 기술입니다. 자연어 분야에서는 GPT-3기술이 사용되고 있습니다. GPT-3 기술은 인간과 유사한 자연어를 생성할 수 있는 기술입니다.

생성 인공지능 기술은 어떤 미래를 가지고 있을까요?

생성 인공지능 기술은 더욱 발전할 것입니다. 특히 인간과 유사한 창조물을 만들어내는 기술이 발전할 것입니다. 예를 들어 작곡가가 작곡한 곡과 유사한 곡을 생성하는 기술이나, 작가가 쓴 소설과 유사한 소설을 생성하는 기술 등이 개발될 것으로 예상됩니다. 이러한 기술은 창작 분야에서 큰 역할을 할 것입니다.

생성 인공지능 기술이 발전하면서 주의해야 할 점은 무엇인가요?
생성 인공지능 기술은 이미지, 음성, 자연어 등 다양한 분야에서 사용되고 있습니다. 그러나 이러한 기술이 무분별하게 사용될 경우, 인간의 창조물을 대체할 수 있다는 우려가 있습니다. 또한 생성 인공지능 기술이 인간의 개인정보를 악용할 수 있다는 우려도 있습니다. 이러한 문제점들을 해결하기 위해서는 적극적인 규제와 윤리적인 사용이 필요합니다. 이러한 노력들이 생성 인공지능 기술의 발전을 더욱 가속화할 것입니다.

생성된 글이 마음에 들지 않으면 '다시 생성' 버튼을 눌러 글을 다시 생성할 수 있다. 막막함이 가시면서, 이제 이 글을 시작으로 수정해가면 끝낼 수 있을 것 같은 기분이다.

이제 같은 프롬프트로 챗GPT에게 입력하고 블로그 글을 써달라고 해보자. 다음과 같은 글이 생성되었다.

생성 인공지능은 이미 지금도 매우 중요한 역할을 하고 있으며, 앞으로 더욱 중요해질 것으로 예상됩니다. 생성 인공지능은 인간의 창의성과 융통성을 모방하는 기술로, 이미지, 음성, 텍스트 등 다양한 분야에서 사용되고 있습니다.

특히 최근에는 GPT-3와 같은 대규모 언어 모델이 등장하면서, 생성 인공지능이 더욱 진보하고 발전할 것으로 예상됩니다. 이러한 모델은 방대한 양의 데이터를 학습하고, 인간의 언어 능력을 뛰어넘는 성능을 보여줍니다. 이를 통해 자동 번역, 내용 생성, 대화형 AI 등 다양한 분야에서 사용될 수 있을 것입니다.

그리고 생성 인공지능의 발전은 언어뿐만 아니라 다양한 분야에도 영향을 미칠 것입니다. 예를 들어 디자인 분야에서는 생성 인공지능을 사용하여 자동으로 디자인을 생성하거나, 색상을 추천하는 등의 기술이 개발될 수 있습니다. 또한 게임 분야에서는 생성 인공지능을 사용하여 게임 캐릭터의 행동을 자연스럽게 만들거나, 게임 내 이야기를 자동 생성하는 등의 기술이 개발될 것으로 예상됩니다.

하지만 생성 인공지능의 발전에는 여러 가지 문제점이 존재합니다. 예를 들어, 생성 인공지능이 만들어내는 결과물이 인간의 윤리적 가치에 어긋날 수도 있고, 불필요한 정보의 생성으로 인해 인간의 지식수준에 악영향을 미칠 수도 있습니다. 또한 생성 인공지능이 만들어내는 결과물이 어떻게 사용되느냐에 따라 법적인 문제가 발생할 수도 있습니다.

이러한 문제점들은 미래의 생성 인공지능이 발전할 때 더욱 중요한 문제로 대두할 것으로 예상됩니다. 따라서 이러한 문제점들을 해결하기 위한 연구가 더욱 필요해지며, 인공지능과 인간이 공존하기 위한 새로운 지침이 필요해질 것으로 예상됩니다.

결론적으로, 생성 인공지능은 이미 우리의 삶과 사회에 큰 영향을 미치고 있으며, 앞으로 더욱 발전하여 우리 삶을 더욱 편리하게 해줄 것입니다. 그러나 이러한 기술의 발전에는 책임감 있게 사용하는 의무가 뒤따르며, 인간의 가치와 윤리 문제를 고려한 연구와 지침도 필요합니다. 이를 통해 생성 인공지능이 우리의 삶과 사회에 더욱 긍정적인 영향을 미칠 수 있을 것입니다.

이렇게 얻은 소스들을 참고하여 글을 다듬어갈 수 있을 것이다. 새로운 추가 정보를 요청하면 완성도를 더 높일 수 있다.

이제 '생성 인공지능 시대의 위기와 기회'라는 주제로 보고서 목차도 잡아보자. 목차 구성을 시작하려니 막막함과 함께 머릿속에 몇몇 단어가 떠오르는데, 뭔가 체계적으로 이어지지 않는다면 챗GPT에게 물어보고 아이디어를 얻자. 보고서 제목을 그대로 프롬프트에 넣으면서 보고서를 쓸 예정이니 목차를 구성해달라고 했다. 생성 결과는 다음과 같다. 세부 목차까지 만들어주어 이를 기반으로 변형해가면 전체 구성을 완성할 수 있을 것 같다.

프롬프트 '생성 인공지능 시대의 기회와 위기'라는 주제로 보고서를 쓸 예정이야. 목차를 구성해줘.

결과 네, 목차를 구성해드리겠습니다.

1. 서론

   - 연구 배경과 목적

   - 연구 방법론

2. 생성 인공지능 기술 개요

   - 생성 인공지능 기술의 정의와 특징

   - 생성 인공지능 기술 종류

3. 생성 인공지능 기술의 위기

   - 딥페이크와 뉴스 조작 문제

   - 인공지능 기술 발전에 따른 일자리 감소 가능성

   - 프라이버시 침해 문제

   - 인간의 윤리적 가치와 도덕적 문제

4. 생성 인공지능 기술의 기회

   - 예술 분야에서의 활용

   - 교육 분야에서의 활용

   - 마케팅 및 비즈니스 분야에서의 활용

   - 의료 분야에서의 활용

5. 생성 인공지능 기술 대응 방안

- 딥페이크와 뉴스 조작 문제 대응 방안

- 인공지능 기술 발전에 대한 대응책 마련

- 인공지능 기술의 윤리적 문제 해결 방안

6. 결론

- 생성 인공지능 기술의 위기와 기회를 종합적으로 평가

- 생성 인공지능 기술 발전에 대한 전략적 제언

- 연구 결론 및 한계

뤼튼에도 레포트 목차는 물론 서론·본론·결론을 생성하는 세부 메뉴를 제공한다. 쓰고자 하는 보고서의 주제를 넣고 실행하면 주제와 관련한 세부 목차를 구성해준다. 뭐든 써야 하는데 껌뻑이는 커서를 보며 불안한 눈빛으로 혼자서 머리 싸매고 끙끙대고 있다면, 생성 인공지능과의 대화에서 실마리를 찾아보자.

뤼튼의 보고서 목차 생성 메뉴

채용 시장에서
AI로 나를 표현하는 법

    취업준비생들은 자기소개서 하나를 쓰는 데 평균 7시간이 걸린 다고 한다. 7~9시간이 걸린다는 학생이 38%로 가장 많았으며, 9시 간~11시간 걸린다는 학생들도 17%에 이르렀다. 유료로 첨삭을 받 아 시간과 비용을 더 쓰는 경우도 많다. 첨삭 비용은 저마다 차이 가 있지만 건당 10~20만 원 혹은 이상을 웃돈다. 취준생들이 보통 한 해에 지원하는 회사가 30~40곳 정도 된다고 하니 약 250시간이 소요되는 셈이다. 첨삭 비용까지 고려하면 큰 비용이다.

    이제 생성 인공지능을 활용해 이 시간과 비용을 줄여보자. 필자 가 자기소개서를 작성하려니 막막해서 어떤 내용을 써야 할지부터 물어보았다. 삼성전자에 지원하기 위해 자기소개서에 들어가야 할 내용을 문의하니 아래와 같이 구체적인 대답을 해준다.

프롬프트　삼성전자에 지원하려고 해. 자기소개서를 써야 하는데 어떤 내용이 반드시 들어가야 할까?

결과　삼성전자에 지원하신다니, 축하드립니다! 자기소개서는 지원자의 경험과 역량, 그리고 입사 후 어떤 역할을 수행할 수 있는지를 보여주는 중요한 문서입니다. 아래는 자기소개서에 들어가면 좋을 내용들입니다.

1. 자신의 경력과 역량
   - 지금까지 어떤 경력을 쌓았는지, 어떤 일을 해왔는지, 이를 통해 어떤 역량을 보유하고 있는지를 간략히 소개합니다.

2. 지원 동기
   - 왜 삼성전자에 지원하고자 하는지, 삼성전자에 대한 자신만의 관심사와 강점을 표현합니다.

3. 입사 후 포부
   - 삼성전자에서 어떤 일을 하고 싶은지, 어떤 목표를 가지고 있는지를 구체적으로 기술합니다.

4. 자신이 가진 역량과 삼성전자의 요구사항 매칭

- 자신이 가진 역량과 삼성전자가 요구하는 역량을 분석해 이를 매칭시켜 입사 후 기여할 수 있는 분야와 방법을 제시합니다.

5. 자신이 겪은 어려움과 그것을 극복한 경험

- 자신이 어려움을 겪었을 때 그것을 극복한 경험을 통해, 어떤 상황에서도 끝까지 해내는 역량과 의지를 강조합니다.

6. 자신만의 강점

- 자신만의 강점을 표현하고, 이를 삼성전자에서 어떻게 활용할 수 있는지 기술합니다.

7. 기타

- 그 외 자신에 대한 정보나 취미 등 자신을 소개하는 데 도움이 될 만한 내용들을 추가할 수 있습니다.

위와 같은 내용들을 포함하여 자기소개서를 작성하면, 삼성전자의 인재상과 자신의 역량, 그리고 입사 후 포부를 적절하게 전달할 수 있을 것입니다. 이에 더해, 철저한 교정과 검토를 거쳐서 완성도 높은 자기소개서를 제출하는 것이 좋습니다.

나의 경력과 수행했던 프로젝트들, 성과에 대한 키워드를 넣으면서 조금 전에 챗GPT가 이야기했던 요소들을 중심으로 작성을 요청하니 순식간에 자기소개서 초안이 나왔다. 챗GPT가 응답한 결과들에 대해 계속 상호작용하며 어색한 문구를 고치다 보면 어느새 자기소개서가 완성되어 있다. 완성본을 다시 입력해서 철자나 문법의 오류가 있는지 물어보면 확인도 해준다.

　이처럼 생성 인공지능을 활용하면 자동으로 문장을 생성하므로 키보드를 치는 것보다 빠르고 효율적이다. 또한 문법, 철자, 문장 구조 등의 오류를 최소화할 수도 있다. 프롬프트 창에 문법이 틀렸거나 어색한지 물어보면 답을 해준다. 인공지능과의 상호작용을 통해 다양한 예시를 부탁하고 적절한 어휘와 문장 구성을 추천받아 일관성을 유지하면서 이력서나 자기소개서를 작성할 수 있다. 이러한 과정에서 새로운 아이디어나 관점이 생겨 더 풍부한 자기소개서가 탄생하기도 한다. 무엇보다 다양한 언어로도 빠르게 번역할 수 있어 영문 자기소개서나 지원 기업의 국적에 맞는 자기 소개서를 준비할 수 있다. 게다가 챗GPT 무료 버전을 사용하면 모두 공짜다.

　그런데 챗GPT의 자기소개서 첨삭 능력은 어느 정도일까?《동아일보》가 유료 첨삭 업체와 챗GPT로부터 각각 첨삭받은 내용을 인사 분야 전문가 네 명에게 블라인드 평가 요청한 결과, 두 명은 챗GPT

가 첨삭한 경우를 더 낫다고 평가했다. 한 명은 유료 첨삭 업체가 더 낫다고 했으며 나머지 한 명은 우열을 가리기 어렵다고 밝혔다.

자기소개서를 전담하는 생성 인공지능도 등장했다. '딥레쥬메 DeepResume.kr'는 GPT에 방대한 자기소개서 데이터를 결합하여 새로운 자기소개서를 생성해주는 인공지능 서비스다. 딥레쥬메에서는 먼저 지원하는 기업의 직종, 업종, 기업 형태, 기업명, 주요 키워드를 입력하고 저장한다. 이후 자기소개서에 필요한 주요 사항들, 예를 들면 성장 과정, 성격 장점 및 단점, 지원 동기 등에 자신에 대한 주요 키워드를 입력하면 생성 인공지능이 자기소개서를 바로 작성

딥레쥬메 자기소개서 입력 화면

출처 : https://www.deepresume.kr/

한다. 초안이 작성되면 맞춤법, 표절 검사까지 받을 수 있다.

자기소개서가 통과되면 면접을 보게 될 텐데 예상 질문이 무엇일지 물어볼 수도 있다. 아래는 필자가 삼성전자 마케팅 직군 면접에서 예상되는 질문을 요청한 결과다. 삼성전자의 최근 마케팅 상품, 정보 등 다양한 정보를 추가로 입력하면 새로운 예상 질문을 계속 받을 수 있다.

프롬프트 삼성전자 마케팅 직군 면접을 볼 예정인데 예상 질문 열 가지를 선정해서 알려줘.

결과
1. 마케팅이란 무엇인가요?

2. 삼성전자의 마케팅 전략에 대해서 어떻게 생각하시나요?

3. 삼성전자의 대표 제품 중 마케팅에서 가장 성공한 것은 무엇인가요?

4. 다른 경쟁사와 비교했을 때 삼성전자 마케팅의 강점은 무엇인가요?

5. 삼성전자 마케팅의 가장 큰 도전 과제는 무엇이라고 생각하시나요?

6. 삼성전자의 마케팅에서 가장 중요한 요소는 무엇인가요?

7. 삼성전자의 마케팅이 실패한 사례가 있다면, 그 이유와 교훈은 무엇인가요?

8. 삼성전자는 디지털 플랫폼을 마케팅에 어떻게 활용하고 있나요?

9. 삼성전자의 고객층은 누구이며 그들의 요구에 어떻게 대응하고 있나요?

10. 삼성전자는 어떤 방식으로 마케팅 성과를 측정하고 있나요?

실제 구인 중인 채용공고에 예상되는 세부 면접 질문을 인공지능이 생성해주기도 한다. 채용 플랫폼 원티드wanted에서 진행 중인 3D 전시 디자이너 채용공고의 사이트 링크를 복사해 원티드 인공지능 면접 코칭 사이트에 붙여넣고 '채용공고 분석하기'를 누르면, 해당 채용에 대한 예상 면접 질문이 바로 생성된다. 해당 질문에 답변하고 피드백도 받을 수 있다. 예상 질문을 챗GPT에게도 물어보며 스스로 모의 면접을 할 수 있는 것이다.

2023년 2월 온라인 채용 사이트 레주메 빌더Resume Builder의 조사에 따르면 설문에 참여한 2,153명의 구직자 가운데 약 50%가 이력

출처 : www.wanted.co.kr/ai-interview

서나 자기소개서 혹은 둘 다를 작성하는 데 챗GPT를 사용했고, 효과가 있었다고 응답했다. 또한 응답자의 75%는 챗GPT가 작성한 자료의 품질이 높거나 매우 높다고 답했으며, 28%는 챗GPT가 쓴 이력서와 자기소개서를 조금 수정했거나 전혀 수정할 필요가 없었다고 답변했다. 구직자들이 챗GPT를 사용한 주된 목적은 '시간 절약'이며, 응답자의 88%는 앞으로도 입사 지원서를 작성할 때 챗GPT를 사용하겠다고 응답했다.

가트너의 인력개발 부문 책임자 히텐 셰스는 "지원자는 경쟁 우위를 확보하기 위해 생성 인공지능을 활용할 필요를 느낄 수 있으며 채용 담당자가 이 기술을 사용해 작성된 이력서인지 아는 것은 사실상 불가능하고, 채용 담당자도 굳이 찾아내려 하지 않는다"라고 언급했다.

이처럼 생성 인공지능은 이미 채용 시장에도 빠르게 적용되고 있다. 변화를 받아들이지 못하면 이미 당신은 출발선 뒤에 서 있는 것이다. 챗GPT의 확산으로 향후 구직자들의 자기소개서가 평준화될 가능성이 상대적으로 높기 때문이다. 먼저 출발선을 맞추고 개인 본연의 경쟁력과 경험으로 채용 시장에서 나를 표현할 필요가 있다.

챗GPT가 생성한 자기소개서에 대한 기업 응답률

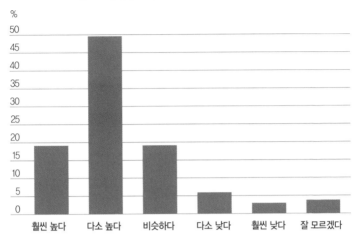

챗GPT의 생성 결과에 대한 품질 평가

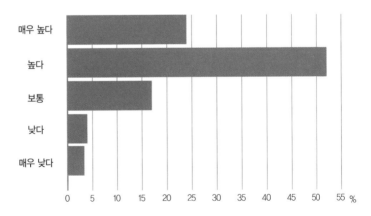

출처 : www.resumebuilder.com

디지털 마케팅,
혼자서도 잘해요

당신이 1인 창업가 혹은 소상공인이라면, 자신의 비즈니스 혹은 상품을 세상에 알리기 위해 많은 시간과 에너지를 투자해야 한다. 그야말로 24시간으로는 부족하다. 네이버, 구글, 페이스북, 인스타그램, 유튜브 등 다양한 디지털 채널에 홍보할 카피도 생각해야 하고, 제품이나 서비스에 대한 설명이 담긴 상세페이지도 만들어야 한다. 할 일이 산더미다.

개인이나 소상공인은 대부분 마케팅 및 홍보 전문가가 아니기 때문에 블로그, 유튜브, SNS 운영 전략을 세우는 일도 어렵기만 하다. 전문가의 도움이 절실하지만 만나기도 어렵고 비용도 부담스럽다. 이 어렵고 복잡한 상황을 개선해볼 수는 없을까? 생성 인공지능은 나에게 어떤 도움을 줄 수 있을까?

이제 SNS 광고에 삽입할 카피도 인스타그램 게시물에 붙일 해시태그도 생성 인공지능이 알려줄 수 있다. 제품 이름과 간단한 정보만 입력하자. 유튜브 시나리오, 제목, 대본 등 다양한 분야에서 도움을 받을 수 있다. 챗GPT에게 직접 물어보고 다양한 결과를 비교해서 선택하면 된다.

아래는 필자가 '코드진스'라는 서비스에 관한 간단한 설명과 함께 광고 문구를 요청해 받은 결과물이다. 짧은 시간에 많은 아이디어를 얻었다.

프롬프트 코드진스라는 웹사이트를 새로 만들어서 광고하려고 해. 코드진스는 코딩을 몰라도 웹사이트를 만들 수 있도록 도와주는 서비스야. 멋진 광고문구 다섯 개를 만들어줄래?

결과
- 코딩 초보라도 이제 웹사이트를 만들 수 있어요! 코드진스와 함께라면 누구나 웹 개발 마스터!
- 웹사이트 제작은 이제 코드진스와 함께! 쉽고 빠르게, 그리고 전문적인 웹 개발을 경험하세요.
- 더 이상 코딩 고민하지 마세요. 코드진스가 모든 것을 대신할게요. 지금 바로 웹사이트 제작을 시작하세요!

- 이제는 코딩이 필요 없는 웹 개발 시대! 코드진스와 함께 누구나 쉽게 웹사이트를 만들어보세요.

- 코드진스와 함께라면, 당신도 웹사이트 제작 전문가! 이제 누구나 웹 개발에 도전해보세요.

프롬프트 비유적인 표현을 써서 광고문구 다섯 개를 더 만들어줄래?

결과
- 코드진스와 함께하면 마치 웹사이트 제작의 요리사가 된 것 같습니다. 당신의 취향에 맞는 웹사이트를 만들어보세요!

- 코드진스는 마치 웹사이트 제작의 명품 가구 같은 존재입니다. 아름다운 디자인과 기능성을 모두 갖춘 웹사이트를 만들어보세요.

- 코드진스와 함께라면 마치 웹사이트 제작의 마법사가 된 것 같습니다. 어떤 요구사항도 실현 가능합니다.

- 코드진스는 마치 웹사이트 제작의 복권 같은 존재입니다. 당신의 꿈을 이룰 수 있는 기회를 제공합니다!

- 코드진스와 함께라면 마치 웹사이트 제작의 해결사가 된 것 같습니다. 문제를 파악하고 해결하는 것은 당연한 일입니다.

고객들의 불만, 후기, 질문, 댓글에도 친절하고 빠르게 답변해야 한다. 실수로 불량 제품이 배송되고, 배송 시간도 지체되었다면 빠르게 회신하고 교환 또는 반품 처리해야 하는데 어떻게 답변해야 할지 막막하고 시간만 흐르고 있다면 이때도 생성 인공지능을 활용하자. 아래와 같이 챗GPT에게 상황을 설명하고 답변을 문의했더니 바로 결과를 생성했다. 내용이 길다면 요약을 부탁하거나, 추가하고 싶은 표현이나 내용을 보강해서 다시 요청해도 된다.

프롬프트 온라인 쇼핑몰을 운영하고 있는데 고객에게 다음과 같은 불만이 접수되었어. "보내주신 제품이 불량이고 배송도 예정보다 늦게 왔습니다. 속상하네요." 고객이 만족할 수 있도록 좋은 답변을 해줄래?

결과 안녕하세요, 저희 쇼핑몰에서 제품 불량과 배송 일정 지연으로 인해 불편을 끼쳐 대단히 죄송합니다. 먼저 제품이 불량이라는 사실을 알게 되어 매우 안타깝습니다. 저희 쇼핑몰은 제품의 품질을 우선으로 고객 여러분께 제공하도록 노력하고 있습니다. 불량 상품에 대해서는 교환 및 환불을 신속하게 처리해드리겠습니다.

또한 배송 일정도 예정보다 지연된 것으로 알고 있습니다. 이에 대해서도 죄송합니다. 배송 과정에서 발생한 문제로, 적극적인 조치를 취하여 이와 같은 상황이 발생하지 않도록 노력하겠습니다. 다시 한번 불편을 드려 대단히 죄송하다는 말씀드리며, 고객님께서 만족하실 수 있도록 최선을 다해 해결해가겠습니다. 감사합니다.

뤼튼의 쇼핑몰 지원 메뉴에서도 제품 소개, 리뷰, 질문, 댓글에 대한 답변을 빠르게 생성해서 도움을 받을 수 있다. 위에서 언급된 고객 불만 댓글을 입력하니 바로 "먼저 불편을 드려 죄송합니다. 해당 부분은 담당자분께 전달하여 빠른 시일 내에 처리될 수 있도록 하겠습니다!"라는 답변이 생성되었다.

이러한 마케팅 기능에 특화된 대표적인 생성 인공지능 서비스로는 재스퍼, 카피AI 등이 있다. 재스퍼는 블로그, 소셜 미디어 게시물, 광고, 이메일 등 마케팅 분야에 특화된 생성 인공지능 도구다. 재스퍼를 활용해서 유튜브 동영상 소개 글, 아마존 상품 상세 페이지, 트위터 게시글 등 활동별 기능이 50가지가 넘는다. 특히 재스퍼는 인공지능이 다양한 설문조사 결과를 학습해 특정 고객에게 맞는 문구와 키워드를 포함하여 차별화된 서비스를 줄 수 있는

뤼튼의 쇼핑몰 지원 기능

장점이 있다. 2022년 기준, 유료 고객이 10만 명을 넘어섰다.

 그런가 하면 전자상거래 기업 쇼피파이^{Shopify}는 2023년 2월 제품 소개 상세페이지를 생성 인공지능이 바로 만들어주는 '쇼피파이 매직'을 선보였다. 신규 판매자에게 가장 시간이 많이 소요되는 활동 중 하나는 매장 출시를 준비하는 것이고, 초기 성공을 위한 가장 중요한 요소 중 하나는 잘 만들어진 제품의 상세페이지와 설명에 있다. 제품을 소개하는 상세페이지를 만들어 웹에 게시하는 일은 외주로 맡기는 경우가 많은데, 그것은 모두 비용이 든다. 그러나 이제 몇 초 만에 고품질의 매력적인 제품 설명서를 작성할 수 있게 된 것이다.

AI 인턴과
업무 생산성 재창조

함께 일하고 싶은 사람으로 늘 꼽히는 A씨는 다음과 같은 평가를 받는다.

"A씨가 작성한 문서는 오타가 없어."

"A씨는 외국어로도 문서 작성을 참 잘해요."

"A씨가 만든 문서를 보면 문체가 남달라."

"A씨가 작성한 문서는 내용이 참신하고 풍부해."

"A씨는 어려운 내용을 문서에 쉽고 간결하게 표현해."

"A씨는 회의록도 빨리 정리해 공유하고 문서 요약도 너무 잘해."

1990년대 일을 잘하는 사람은 누구였을까? 아마도 마이크로소프트 오피스를 잘 다루는 사람이었을 것이다. 업무용 프로그램하면 제일 먼저 떠오는 것이 마이크로소프트의 오피스이고, 현재까지도 워드, 엑셀, 파워포인트를 빼놓고 일상 업무를 논하기는 어렵다. 단축키를 사용하며 파워포인트, 엑셀, 워드, 한글 등 생산성 도구를 현란하게 편집하는 모습을 뒤에서 보고 있노라면 나와는 다른 역량을 가진 사람이라는 생각이 든다. 나도 저렇게 편집을 잘해서 멋지고 빠르게 결과를 만들어내고 싶다! 하지만 이제 세상이 바뀌고 있지 않은가? 부러워하기보다 생성 인공지능으로 생산성을 높여보자.

이미 많은 업무지원 프로그램들이 일정 및 업무 관리, 메모 작성, 파일 공유, 공동 글쓰기 및 편집 등 다양한 기능을 지원하고 있으며 기존 도구들에도 인공지능이 접목되는 중이다. 그중 노션Notion이 대표적이다.

노션은 인공지능을 결합하여 다양한 기능을 추가했다. 인공지능이 알아서 철자와 문법을 수정한다. 다양한 외국어 번역도 즉시 지원하고, 다양한 문서도 만들며 목적에 맞게 어조와 톤 수정도 가능하다. 전문 용어를 풀어쓰게 하고 문서를 읽는 데 사전이 필요하지 않도록 간결한 말로 바꾸어준다. 회의가 끝나면 회의록도 바로 만들고 해야 할 일도 구분해서 회의 참석자에게 알려준다. 문서 요

슈퍼 개인의 탄생

노션 AI 주요 기능

출처 : 노션 웹사이트

약 시, 인공지능을 활용하면 30초면 끝난다. 이 모든 일을 한땀 한 땀 수작업으로, 손으로 열심히 써갔다면 이제 방식을 바꾸어보자.

문서 작업을 시작하지 못해 커서만 바라보고 있다면, 또는 작업을 하다가 막혀 혼자서 고민하고 있다면 새로운 아이디어를 인공지능에 물어 활로를 찾아보는 것이다. 만약 누군가 당신에게 "메타버스를 주제로 10분 안에 발표 자료를 만들어주세요"라고 한다면 아마도 부탁한 사람을 의심스러운 눈으로 쳐다볼 것이다. 그러나 툼 tome이라는 생성 인공지능은 발표 자료를 자동으로 만든다.

로그인 후 프롬프트 창에 "메타버스란 무엇인가요? What is the Metaverse?"라고 입력 후 실행 버튼을 누르자 순식간에 발표 자료가 작성되었다. 발표 제목은 "메타버스 속으로 들어가기: 현실 너머의 여정 Enter the Metaverse : A Journey Beyond Reality ."

발표 자료의 목차도 완성되었다. 메타버스의 개요, 역사, 메타버스의 가동 방식, 잠재력, 도전과 우려 사항, 결론으로 세부 내용이 구성된다. 메타버스의 잠재력을 설명한 슬라이드를 보니 메타버스가 다양한 산업에 영향을 미치며 새로운 기회를 만들어낸다는 내용을 중심으로 채워져 있다. 발표 자료에 포함된 모든 내용을 수정하고 고칠 수 있으며 그림도 다양하게 바꿀 수 있다. 텍스트를 입력하면 내가 원하는 그림을 그려주는 생성 인공지능 달리와 연결되어 있고 피그마 Figma 등 다양한 편집 도구도 함께 사용할 수 있다.

로그인부터 초안 완성까지 시간은 대략 2~3분 정도 걸렸다. 이제 챗GPT에게 발표 목차를 알려주고 세부 내용을 기술해달라고 프롬프트를 입력했다. 아래와 같은 내용을 챗GPT가 알려주었고 이 내용에 기반해서 본문을 보완해 마무리했다.

프롬프트 메타버스에 관한 발표자료를 부탁해. 메타버스의 개요, 메타버스의 역사, 메타버스의 작동방식, 메타버스의 다양한 잠재력, 도전과 우려사항, 결론으로 구분해서 서술식으로 부탁할게.

결과 [제목] 메타버스: 가상 세계의 미래

[개요]

● 메타버스는 가상 세계를 의미하는 용어로, 3차원 가상공간에서 다양한 활동이 가능하다.

● 메타버스는 빠르게 발전하고 있으며, 가상공간에서 사람들이 상호작용할 수 있는 새로운 경험을 제공한다.

[메타버스의 역사]

● 메타버스는 1990년대 시작된 가상현실 기술의 발전으로부터 출발했다.

● 2000년대에는 세컨드 라이프와 같은 메타버스 플랫폼이 등장했다.

● 최근에는 코로나19 대유행으로 인해 비대면 생활이 더해지면서, 메타버스 기술에 대한 관심이 높아졌다.

[메타버스의 작동 방식]

● 메타버스는 3D 가상공간에서 사용자가 가상캐릭터로 활동할 수 있도록 제

공된다.

- 사용자는 가상의 땅을 구매하거나 가상의 물건을 사고 팔 수 있으며, 실제 공간에서와 같이 소셜 활동을 할 수도 있다.
- 게임 기술, 인공지능 기술, 가상현실 기술 등이 적용된다.

[메타버스의 다양한 잠재력]

- 메타버스는 다양한 산업 분야에 사용될 수 있다.
- 예를 들어 광고, 음악, 영화, 스포츠 등의 산업에서 새로운 비즈니스 모델을 제시할 수 있다.
- 또한 새로운 커뮤니케이션 방식을 제공하고, 새로운 문화와 경제활동을 발전시킬 수 있다.

[도전과 우려사항]

- 메타버스는 개인정보 보호와 같은 문제가 발생할 수 있다.
- 또한 가상공간 내에서 범죄나 괴롭힘 같은 문제가 발생할 수 있다.
- 따라서 메타버스 기술이 발전할수록 이러한 문제들을 해결하기 위한 제도적인 정비가 필요하다.

[결론]

- 메타버스는 가상 세계를 제공하여 새로운 경험을 선사하고, 산업의 발전을

이끌 수 있는 기술이다.

- 메타버스는 가상현실 기술이 발전한 것으로 새로운 형태의 디지털 공간이 생겨나고 있다.

- 다양한 산업에서도 활용 가능한 메타버스는 새로운 경제 생태계를 만들어 낼 수 있으며, 문화예술 산업에도 큰 역할을 할 것으로 예상된다.

- 하지만 도전과 우려 사항도 존재하므로, 적극적인 대처와 개선이 필요할 것으로 생각된다.

총 소요 시간은 대략 10분 정도. 물론 이 자료가 완벽하고 훌륭하다는 의미는 아니다. 더 많은 시간과 노력을 투입하면 결과는 더 좋아질 수 있다. 중요한 건 2~3분이라는 짧은 시간에 발표 자료 초

톰이 만든 메타버스 발표 자료 표지

Enter the
Metaverse :
A Journey Beyond
Reality

자료: https://tome.app

안을 만들고 이후 상황에 맞게 대처해갈 수 있다는 것이다. 새로운 업무 생산성의 시대가 열리고 있다.

처음에 워드는 윈도우용이 아닌 도스^{MS-DOS}용이었다. 주 입력 장치는 키보드였고 마우스는 쓰이기는 했지만 사용하는 사람은 별로 없는, 사치품에 가까웠다. 그러다 1990년 11월 워드, 엑셀, 파워포인트가 모두 담긴 마이크로소프트 오피스가 처음 출시되었다. 그리고 33년이 지난 2023년, 오피스에 인공지능이 결합된 마이크로소프트 365 코파일럿^{Microsoft 365 Copilot}이 발표되었다. 코파일럿은 부조종사라는 의미로, 사용자의 지시를 이행하는 인공지능을 의미한다. 사용자가 워드, 엑셀, 파워포인트 등 마이크로소프트 365 앱에서 필요한 프롬프트를 입력하면 코파일럿은 사용자의 이메일, 미팅, 채팅, 캘린더, 연락처 등 다양한 데이터의 연결체인 마이크로소프트 그래프^{Microsoft Graph}와 프롬프트를 연결하고, 인공지능 모델을 통해 사용자에게 답변을 준다.

마이크로소프트 그래프는 사용자와 관련한 다양한 데이터의 총체다. 당신의 컴퓨터에는 개인 및 업무 관련 수많은 데이터가 존재하는데 코파일럿은 명령받은 프롬프트에 가장 적합한 답변을 생성하기 위해 이 데이터들을 참고한다. 만약 당신이 파워포인트에서 코파일럿에게 "어제 작업했던 메타버스 사업 계획서를 파워포인트로 만들어줘"라고 말한다면 관련된 사업 계획서에 대한 정보를 코파일럿이 가져와서 작업하는 방식이다.

마이크로소프트 워드의 코파일럿은 사용자에게 문서 작성, 편집, 요약 등 다양한 작업을 지원한다. 짧은 프롬프트만 있으면 코파일럿이 문서 초안을 작성하고 필요에 따라 조직 내에 있는 정보를 가져온다. 기존 문서에 내용을 추가하고, 텍스트를 요약하고, 문서의 부분 또는 전체를 다시 작성하여 더 간결하게 만든다. 문서의 표현도 다양한 어조로 생성 가능하다. 엑셀의 코파일럿을 활용하면 데이터 기반의 인사이트 확보, 동향 파악, 전문적인 데이터 시각화 등이 단 몇 초 만에 이뤄지는 것이다. 예를 들면 매출이 가장 많은 지역이 어디이며 매출이 생긴 시간과 장소, 특징들을 바로 알려줄 수 있다. 또한 현재 매출 데이터를 기반으로 전망치를 예측받고 데이터를 원하는 형태로 자유자재로 다룰 수 있도록 도움받는 것도 가능하다. 파워포인트의 코파일럿을 활용하면 특정 주제에 대한 발표 자료를 생성해달라고 부탁할 수도 있고, 현재 내가 가지고 있는 자료를 업로드하며 해당 자료를 발표 자료로 만들어달라고 요청할 수도 있다. 이외에 수정, 변경에 관한 다양한 사항을 프롬프트로 지시하면 바로 해당 내용을 수행한다.

아웃룩은 코파일럿이 긴 이메일 히스토리를 요약하거나 답장 초안을 제안하는 등 다양한 업무를 도와준다. 팀즈에서는 코파일럿이 미팅의 주요 논의사항을 실시간 요약하거나 놓친 부분을 알

워드, 엑셀, 파워포인트의 코파일럿 활용 모습

자료 : 마이크로소프트

려준다. 회의에서 누가 무슨 말을 했고, 어떤 부분에서 참석자들의 의견이 일치 혹은 불일치했는지도 전해주며, 대화의 맥락에 맞게 행동이 필요한 항목도 제안한다.

2023년 3월, 구글도 생산성 도구에 생성 인공지능을 통합한다고 발표했다. 구글은 워크스페이스 생산성 제품군에 챗GPT와 유사한 생성 인공지능을 도입한다.

구글 워크스페이스는 마이크로소프트의 오피스와 유사한 제품군으로 지메일Gmail, 화상회의를 하는 미트Meet, 문서Docs, 계산과 분석을 돕는 스프레드시트Sheet, 발표 자료를 만드는 슬라이드Slides 등 다양한 생산성 도구를 지원한다. 생성 인공지능이 통합된 구글 워크스페이스는 지메일에서 이메일 초안을 작성할 수 있고, 구글 독스에서 문서 작성 및 수정을 지원하며 스프레드시트에서 자연어로 데이터 분석을 할 수 있다. 구글 미트는 화상 회의에서 자동으로 회의록을 만들고, 슬라이드에서는 텍스트에 필요한 이미지, 오디오, 비디오를 자동 생성해 원하는 발표 자료를 만드는 게 가능하다. "구글 워크스페이스는 오랫동안 실시간 협업을 가능케 하는 기술의 선구자였다. 다음 단계는 실시간으로 작업하는 인공지능 협력자가 사용자를 지원하여 함께 작업하는 것이다." 토마스 쿠리안 Thomas Kurian 구글 클라우드 CEO의 말이다.

마이크로소프트는 자신들의 새로운 생성 인공지능 도구 코파일렷을 가리켜 '모두를 위한 생산성의 재창조Reinventing productivity for everyone'라는 표현으로 설명했다. 기존과 완전히 다른 방식으로 일한다는 의미다. 생성 인공지능이 매일 우리가 사용하는 업무 프로그램 영역에 도입되면서, 그야말로 업무 생산성이 재창조되고 있다. 변화에 맞추어 나의 생산성도 재창조해야 할 때가 왔다.

단 몇 시간 만에 이루는
1인 출판의 꿈

책 한 권이 완성되려면 시간이 얼마나 필요할까? 대부분은 책을 쓸 엄두도 내지 못하거나, 쓴다고 해도 많은 시간을 들여야 할 것이다. 하지만 생성 인공지능을 활용해 이러한 한계를 넘어서려는 개인들이 등장하고 있다.

미국 뉴욕에 거주하는 세일즈맨 브레트 쉬클러는 오랫동안 작가를 꿈꿨지만, 자신이 진짜 작가가 되리라고는 상상하지 못했다. 하지만 챗GPT라는 생성 인공지능을 알게 되었고 마침내 기회가 왔다고 생각했으며 이를 빠르게 실행에 옮겼다. 그는 챗GPT에 다음과 같은 프롬프트를 입력했다. "아들에게 금융 지식을 가르쳐주는 아버지에 관한 이야기를 써주세요."

쉬클러는 챗GPT를 활용해 몇 시간 만에 30페이지 분량의 어린이용 그림책 『현명한 꼬마 다람쥐: 저축과 투자 이야기』를 완성했다. 쉬클러는 이 책을 아마존 전자책 판매처인 킨들 스토어에서 2.99달러에 판매한다. 한 달 동안 벌어들인 수입은 아직 100달러 미만이지만, 그는 로이터와 인터뷰하며 "나도 충분히 책을 쓸 수 있다는 생각이 들었으며, 앞으로도 챗GPT를 이용해 다른 책을 만들 것"이라고 언급했다. 단 몇 시간 만에 작가로서의 커리어가 시작된 것이다.

온라인 향수 판매업을 하는 카밀 반크도 챗GPT를 활용해 4시간 만에 그림책을 만들었다. 반크는 챗GPT에 "아이들에게 정직하게 사는 방법을 가르치는 분홍색 돌고래 이야기를 써주세요"라는 프롬프트를 입력했고 27페이지 분량의 그림책이 완성되었다. 반크가 이 책을 만드는 데 걸린 시간은 총 4시간. 그는 이후에도 컬러링북을 포함해 세 권을 챗GPT로 더 만들어 킨들 스토어에 올렸다. 순식간에 총 네 권을 출간한 작가로 데뷔한 것이다. 반크는 언론과의 인터뷰에서 다음과 같이 언급했다. "정말 간단합니다. 구상부터 출판까지 얼마나 빨리 진행되는지. 놀랐습니다."

국내에서도 챗GPT로 쓴 책 『삶의 목적을 찾는 45가지 방법』이 출판되었다. 챗GPT가 원고를 쓰고 네이버의 번역 인공지능 파파고가 영어를 한국어로 번역했다. 이 책의 표지는 스톡 이미지 플랫폼 셔터스톡shutterstock의 크리에이티브 툴인 셔터스톡 AI가 그렸다. 출판의 모든 과정, 글 생성부터 교열, 교정, 디자인, 인쇄까지 걸린 시간은 7일이다. 출판사 측은 번역부터 검수까지는 30시간이 소요되었다고 말한다.

기성 작가가 챗GPT를 활용해 책을 출판한 경우도 있다. 2023년 3월, 브라이언 매티모어Bryan Mattimore는 생성 인공지능으로『쿼크QUIRKS, 기발함』를 발간했다. 매티모어는《포춘》이 선정한 500명의 창의 컨설턴트에도 선정된 전문 작가다. 이 책은 40개 장으로 구성되어 있으며 유명하고 창의적이며, 영향력이 있는 사람들의 독특한 성격과 기발한 아이디어에 생성 인공지능이 만들어낸 허구 상황을 추가해 완성했다. 매티모어는 "생성 인공지능을 사용하는 것은 이러한 창의적 개방성을 촉진하는 재미있고 즐거운 방법이라고 생각한다"라고 밝혔다.

챗GPT로 쓴 국내외 도서들

이제 챗GPT를 넘어, 이야기를 전문적으로 생성하는 인공지능을 활용해 소설 등 다양한 책을 써보자. 노벨AI는 이야기를 전문적으로 만들어주는 생성 인공지능이다. 최근에는 이미지 생성도 지원한다. 노벨AI에 스토리텔러Storyteller 모드로 로그인하면 다양한 이야기를 생성할 수 있다. 화면 오른쪽에 보이는 세부 기능을 잘 설정하면 흥미진진한 스토리가 전개된다. 장르는 물론 문체도 고를 수 있다. 메모리Memory 창에 생성하려는 작품의 의도와 줄거리를 서술하는 글, 즉 시놉시스를 입력하고 저자의 노트Author's Note에 이 작품을 쓸 때 생성 인공지능이 유념해야 할 사항들을 자세히 지시하면 참고하기도 한다. 로어북Lorebook에는 이야기에 등장하는 등장인물과 그들의 관계, 인물 성격, 소품과 특성을 등록한다. 세부 사항을 입력한 후 생성을 시작하면 사용자는 내용이 전개됨에 따라 생성 인공지능과 상호작용하면서 이야기를 만들어 나갈 수 있다.

챗GPT로 하루도 안 걸려 119페이지 소설을 챗GPT로 쓴 작가 프랭크 화이트는 "생성 인공지능으로 1년에 책 300권을 만들 수 있다"고 언급하기도 했다.

기성 작가도 생성 인공지능을 활용하고, 작가가 아니었던 사람도 하루 만에 책을 출간해 작가가 되는 등 이미 이야기 전용 생성 인공지능이 이렇게 활발하게 활용되고 있다니. 생성 인공지능이 지닌 힘이 놀라움을 넘어 무섭기까지 하다. 분명한 건 변화가 오고 있으며, 개인은 그 안에서 기회를 잡을 줄 알아야 한다는 사실이다. 유튜브가 등장하기 전 1인 방송국이라는 개념이 생길 줄 누가 알았겠는가?

노벨AI 스토리텔러 모드

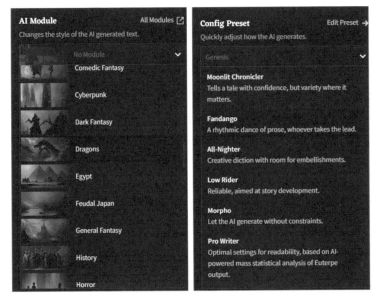

출처 : https://novelai.net

슈퍼 개인의 변신,
천의 얼굴과 목소리

'내 목소리로 누군가 나 대신 강연하거나 말을 해줬으면 좋겠다' 라는 생각을 해본 적이 있을 것이다. 혹은 '지금 내가 한 말을 내 목소리 그대로 영어로 말해준다면 얼마나 좋을까?' 하는 상상도.

일레븐 랩스Eleven Labs는 하려는 말을 텍스트로 입력하면 학습한 내 목소리로 읽어준다. 나는 실제로 말 한마디 하지 않지만, 상대방은 내 목소리를 듣는 것이다. 일레븐 랩스에 로그인한 후, 음성합성Speech Synthesis 버튼을 누르면 창이 나온다. 음성 추가Add voice를 누르고 내 목소리가 녹음된 음성 파일을 업로드하면 인공지능이 내 목소리를 학습한다. 이제 학습된 내 목소리를 선택하고, 텍스트 입력란에 내가 하고 싶은 말을 입력한 후 생성 버튼을 누르면 텍스트

메시지가 내 음성으로 자연스럽게 나온다. 텍스트 입력란에 영어를 입력하면 내 목소리로 영어 음성이 생성된다. 내 목소리로 다양한 외국어를 선택해 텍스트로 넣었더니 어느새 나는 외국어에 능통자가 되었다. 외국어 번역은 구글 번역기 등을 활용해서 한글로 입력 후 외국어로 전환해 텍스트를 그대로 입력하는 방법도 있고, 챗GPT에게 외국어로 입력할 내용을 작성해달라고 하거나, 번역해 창에 입력하는 방법도 있다. 당신이 만약 유튜버라면 인공지능이 당신의 목소리로 방송하게 할 수도 있다. 외국어에 자신의 목소리를 입혀 해외 구독자들도 채널을 볼 수 있게 한다. 당신의 성대를 지켜가며 더 많은 유튜브 콘텐츠를 생성할 수 있게 된 것이다.

생성 인공지능을 활용하면 내 목소리에 다양한 색깔을 입히는 것도 가능하다. 보이스 모드Voicemod에서는 다양한 인공지능 음성을 지원해 내 음성이 다양한 형태로 변조된다. 비유하자면 나는 천의 목소리를 갖게 된 것이다. 인공지능이 생성한 다양한 노래 효과음을 텍스트로 검색 후 사용하여Text to Song 다양한 콘텐츠를 만들 때 활용할 수도 있다.

또한 보이스AIVoice.ai를 사용하면 줌, 디스코드, 마인크래프트, 스카이프, 왓츠앱 등 다양한 서비스에서 실시간으로 내 음성을 변경하는 게 가능하다. 음성 변경뿐만 아니라 음성을 생성하거나 복제할 수도 있다. 선명한 음성 오디오를 업로드하면 나만의 인공지능 음성도 만들 수 있다. 커뮤니티에서 만든 사용자 생성 음성 수천 개에 액세스할 수도 있다.

네이버의 클로바 보이스CLOVA Voice를 이용할 수 있다. 목소리를 선택하고 생성하고자 하는 내용을 텍스트로 입력하면 인공지능이 목소리를 생성하는 TTSText-to-Speech 방식이다.

클로바 보이스와 반대로, 음성을 녹음해 입력하면 이를 텍스트로 바꾸어 주는 STTSpeech-to-Text 방식의 클로바 노트CLOVA Note도 있다. 일일이 필기해야 하는 번거로움을 줄이면서 강의나 회의 내용을 기록하는 게 가능하고, 생성된 텍스트를 챗GPT에 입력한 후 요약해달라고 하면 강의 노트 요약본이나 회의록을 빠르게 만들 수도 있다. 한국어, 영어, 일본어, 중국어 중 하나를 선택하면 해당 언어 텍스트를 생성한다.

그렇다면 3,600명의 목소리를 인공지능이 하나로 합성하여 생성할 수 있을까? 삼성전자는 2022년 9월, '내일을 만드는 보이스'라는 캠페인을 추진했다. 삼성전자 반도체 부문 임직원 3,600여 명의 목소리가 하나의 인공지능 목소리로 재탄생한 것이다. 지속가능한 노력을 누군가의 목소리가 아닌 '우리의 목소리'로 전달하자는 취지에서 시작된 프로젝트로, 임직원은 인공지능 보이스 앱을 통해 지속가능경영 ESG의 다짐과 의지를 담은 개인 목소리를 녹음했다. 캠페인을 통해 생성된 목소리는 반도체 부문 ESG 콘텐츠의 성우로 활용 중이다.

　이제 다양한 목소리를 만들 수 있으니 생성 인공지능으로 말하는 가상인간으로 넘어가 보자. 스튜디오 DID$^{Studio\ DID}$에서는 마음에 드는 가상인간을 고르고, 가상인간이 할 말을 텍스트로 입력한 다음 가상인간이 어떤 언어를 가질지, 어떤 목소리일지, 그 톤은 밝을지, 차분할지 등 다양한 옵션을 선택할 수 있다. 이후 오른편 상단에 있는 비디오 생성$^{Generate\ VIDEO}$ 버튼을 누르면 말하는 가상인간이 생성된다. 이미 생성된 가상인간 외에, 나와 똑같이 생긴 가상인간을 생성하고 싶다면 내 사진을 추가하면 된다. 목소리 톤도 정확하게 내 것을 사용하고 싶다면 인공지능 목소리로 학습한 내 목소리로 녹음하고 이를 업로드하면 내 얼굴을 가진 가상인간이 말을 하게 된다.

　또한 다양한 배경과 가상인간을 생성하여 이야기를 만들 수도 있다. 아트플로우^{Artflow}에서는 기존에 생성된 가상인간을 선택하거나, 프롬프트를 사용하여 새로운 가상인간도 생성할 수 있고, 스토리에 맞는 배경화면도 고를 수 있다. 이후 가상인간이 이야기할 내용을 텍스트로 입력하거나 인공지능으로 목소리를 생성해 연동하는 게 가능하다.

스튜디오 DID의 가상 인간 생성 화면

https://studio.d-id.com/editor

슈 퍼 개 인 의 탄 생

생성 인공지능과
작사·작곡을

좋은 음악과 멋진 퍼포먼스를 보면서 "나도 저런 노래를 작사·작곡하고, 무대에서 퍼포먼스까지 할 수 있을까?" 생각해본 적이 있을 것이다. 전문가의 영역이니 언감생심 나와 상관없는 일이라 결론 내렸을 테지만, 이제 슈퍼 개인이 되어 한계를 넘는 새로운 도전을 해보자.

음악적 소양과 지식이 전혀 없는 필자는 봄에 관한 노래를 만들어보려고 한다. 봄과 희망이라는 테마로 작사하고, 가사에 맞는 노래의 코드를 진행한 후 어떤 악기를 사용할지에 대한 악기 편집이 필요하다고 생각했다. 이에 챗GPT에게 다음과 같은 프롬프트를 입력했다.

챗GPT, 당신은 음악 전문가입니다. 봄과 희망에 관한 노래를 만들려고 하는데요. 가사, 코드 진행, 악기 편집을 부탁합니다.

챗GPT는 순식간에 가사, 코드를 입력했고 악기까지 추천했다. 물론 필자가 음악 전문가가 아니라 평가하기는 어렵지만 놀라운 건 요청했던 사항에 모두 답변했다는 것이다. 프롬프트를 추가해 노래의 제목도 지어달라고 했더니 '따스한 봄날의 기억', '봄바람이 부는 거리', '새로운 시작의 봄', '희망의 봄', '봄노래 부르며' 등 여

챗GPT가 생성한 진행 코드, 가사, 악기 편집 장면

(코드)
Am - F - C - G

(가사)
Verse 1:
봄바람이 부는 거리를 걸으며 (Am)
새롭게 피어난 꽃들을 보며 (F)
나는 느끼고 있어 (C)
새로운 시작의 기운을 (G)

악기 편집: 어쿠스틱 기타 솔로

Chorus:
봄이 왔어 (Am)
내 마음도 따뜻해지는 순간 (F)
희망이 넘치는 이 순간 (C)
나의 노래를 불러보아요 (G)

악기 편집: 드럼, 키보드

Verse 2:
겨울의 어둠이 지나갔을 때 (Am)
내 마음도 함께 따라가서 (F)
희망이 꽃피워질 때 (C)
나는 꿈을 꾸는 것 같아 (G)

악기 편집: 어쿠스틱 기타, 스트링스

Chorus:
봄이 왔어 (Am)
내 마음도 따뜻해지는 순간 (F)
희망이 넘치는 이 순간 (C)
나의 노래를 불러보아요 (G)

악기 편집: 드럼, 키보드, 베이스

Bridge:
이제는 더 이상 슬픔은 없어 (Am)
나의 마음은 봄비처럼 쏟아져 (F)
새로운 시작을 함께 할 수 있어 (C)
나의 마음을 들어봐 (G)

악기 편집: 피아노, 스트링스

러 곡명을 제시했다. 이어 노래의 속도, 길이, 장르 등을 추가하면 새로운 곡들이 계속 생성되었다.

가까운 미래에는 가능해지겠지만, 현재 챗GPT는 텍스트 기반의 생성 인공지능이니 지금 당장 곡을 연주하지는 못한다. 하지만 음악 생성 인공지능을 활용하면 내가 원하는 곡을 순식간에 생성할 수 있다. 예를 들어 음악 생성 인공지능 사운드로우soundraw.io를 활용하면 원하는 음악을 인공지능이 생성해준다.

35가지 분위기, 18가지 장르, 22가지 테마에서 원하는 옵션을 고른 후 길이와 속도까지 결정하고 나면 인공지능이 곡을 생성한다. 1~2분 사이에 내가 원하는 옵션으로 10곡이 넘게 생성된다. 그중 마음에 드는 곡을 고른 후 해당 곡에 내가 프롬프트를 추가해서 변경할 수도 있다. 악기를 바꾸거나 연주 강도, 속도, 옥타브 등 곡 전반에 대한 세부 조정도 가능하며, 유사한 곡을 추가 요청하면 인공지능이 더 만들어주기도 한다. 곡이 완성되면 이제 곡에 어울리는 작사도 해보자. 완성된 곡에 대한 세부 사항을 챗GPT에게 알려주면 생성된 곡에 맞는 가사를 붙일 수 있을 것이다.

이렇게 만든 음악은 정말 여러 분야에 활용할 수 있다. 유튜브나 소셜미디어, TV, 영화, 광고, 라디오, 게임, 앱, 오디오북, 팟캐스트, 명상, 매장 배경음악, 이벤트……. 곡의 길이, 용도, 장르, 목적 등에 따라 사용처는 무궁무진해진다. 이제 누군가 만든 음악을 빌려 쓰지 않고 내가 직접 작사·작곡을 할 수 있는 것이다. 음악을 생성하는 인공지능 AIVA도 사운드로우와 유사한 방식으로 인공지능이 사용자가 원하는 다양한 음악 장르를 생성해준다.

리퓨전^{Riffusion}도 음악을 생성하는 인공지능이다. 사용자가 프롬프트로 입력한 문장을 음악으로 변환하는데, 사이트에 로그인하면 특이하게 생긴 스펙트럼 이미지와 몇 가지 프롬프트 예시, 그리고 프롬프트를 적는 입력 필드를 볼 수 있다. 음악 분위기를 묘사하는 프롬프트를 적고 엔터를 누르면 관련 음악이 생성된다. 프롬프트 창에 '미래와 관련된 로맨틱 힙합'을 입력하자 즉시 음악을 재생할 수 있었다.

이러한 흐름에 발맞춰 국내외 기업들도 너도나도 음악 관련 생

원하는 분위기의 음악을 즉시 생성할 수 있는 리퓨전

출처 : www.riffusion.com

성 인공지능 개발에 박차를 가하고 있다. 챗GPT를 개발한 오픈AI도 이미 '쥬크박스'라는 음악생성 인공지능을 선보였고, 메타도 새로운 음악을 생성하는 기술인 '오디오젠'을 발표한 바 있다. 구글은 인공지능이 음악을 생성하는 '뮤직 LM'의 연구결과를 2023년 1월에 선보였다. 뮤직 LM은 28만 시간의 음악을 학습해 다양한 음악을 생성한다. 한 곡당 5분 정도 시간이 걸린다고 계산해도 336만곡 분량이다. 뮤직 LM에게 아래와 같이 프롬프트를 입력하니 해당음악을 바로 생성해주었다.

> 아케이드 게임의 메인 사운드트랙,
>
> 빠른 템포의 경쾌한 일렉 기타 리프가 특징입니다.
>
> 음악은 반복적이고 기억하기 쉽지만,
>
> 심벌즈 크래시나 드럼 롤과 같은
>
> 예상치 못한 사운드가 포함되어 있습니다.

스토리를 중심으로 음악 생성을 요청할 수도 있다. 예를 들어 처음 15초는 명상 음악, 다음 15초는 기상, 다음 15초는 러닝 등 시간대별로 각기 다르게 스토리 중심의 음악을 요청하면 바로 생성해 준다.

그림에 대한 세부 설명을 프롬프트로 입력하면 이를 기반으로 음악을 생성하기도 한다. 〈알프스를 횡단하는 나폴레옹〉이라는 작품에 대한 설명을 입력하면, 그림에 맞는 음악이 생성된다. 큐레이터의 설명이 멋진 음악이 되는 세상에 가까워졌다.

이 작품은 1800년 5월 나폴레옹과 그의 군대가 그레이트 세인트 버나드 고개를 통해 알프스를 횡단했던 실제 횡단 장면을 매우 이상적으로 표현한 것입니다.

인공지능 음악 스타트업 크리에이티브마인드^{Creative Mind}는 인공지능 작곡 프로그램 '이봄^{EVOM}'을 개발했고, 유명 트로트 가수 홍진영의 노래 〈사랑은 24시간〉을 작곡하기도 했다. 최종 음원은 이봄이 제작한 결과물을 사람이 다시 수정 제작하는 방식이다. 학습 초기에는 인간 작곡가가 이봄이 작곡한 곡을 70% 이상 수정해야 했지만, 지금은 20~30%만 수정해도 될 정도로 성능이 높아졌다.

포자랩스^{POZA Labs}도 인공지능 작곡 플랫폼을 개발했다. 이제 빠르고 저렴하며, 다양한 디지털 곡을 만들 수 있는 것이다. 포자랩스 CEO는 메타버스 시대에는 가상가수도 등장할 것이며, 누구나 자신의 목소리를 입혀 작곡하거나 음악 콘텐츠를 만들 수 있을 것이라고 언급했다. 기존과 다른 새로운 방식으로 곡을 만드는 새로운 음악가들이 앞으로 더 많이 탄생할 것 같다.

인공지능이 작사·작곡한 곡을 인공지능이 부르는 시대도 다가

그림 설명으로 음악을 생성하는 뮤직 LM

오고 있다. 인공지능 음성 기술 기업 '셀바스AI'는 음성합성 기술을 토대로 인공지능이 노래할 수 있는 '셀바스 싱잉 보이스Singing Voice' 를 선보였다. 프롬프트에 가사·멜로디·박자 등을 입력하면 인공 지능이 가창 스타일을 학습해서 가수 고유의 창법과 음색을 표현 한다. 셀바스AI는 단순히 음을 표현하는 데에서 더 나아가 다양성 에 집중했으며, 인공지능이 노래 강약 조절 기술을 학습해 3단계 로 조절해가며 감성까지 살린 노래를 부를 수 있다고 설명했다. 동 요·발라드·R&B 등 다양한 장르를 구현할 수 있으며 가상공간에 서 공연하는 가수를 만들 수도 있고, 동요와 동화 콘텐츠도 제작할

수도 있다. 은퇴한 가수가 노래하는 목소리까지 구현할 수 있다.

내 목소리로 노래하는 인공지능은 어떨까? Diff-SVC를 활용하면 인공지능이 인기가수의 최신곡을 내 목소리로 바꾸어준다. 평소 내 목소리와 노래할 때의 목소리를 녹음해 학습시키면 최신곡에 내 목소리를 입혀준다. 어느새 나는 최신곡을 부르고 있게 되는 것이다.

프롬프트를 다오,
그림 줄게

2022년 6월, 《코스모폴리탄Cosmopolitan》 미국판은 특별한 표지를 공개했다. 텍스트를 입력하면 해당 내용에 맞게 인공지능이 그림을 그려주는 '달리 2'로 표지를 만든 것이다. 프롬프트 입력창에 내가 그리고 싶은 그림을 텍스트로 설명하면 인공지능이 즉시 그림을 생성한다.

코스모폴리탄이 공개한 바에 따르면, 달리 2에게 입력한 프롬프트는 다음과 같았다:

화성 행성을 걷는 강한 여성 대통령 우주비행사 전사, 디지털아트 신스웨이브

(a strong female president astronaut warrior walking on the planet Mars, digital art synthwave).

순식간에 세계 최초로 인공지능이 만든 잡지 커버가 탄생했다. 이미지 완성까지 걸린 시간은 단 20초. 완성작은 보라색이 가미된 은하 아래 우주인이 화성에 발을 내딛는 모습이다. 우주비행사로 여성을 선택한 것은 여성 독자들이 별을 향해 손을 뻗고, 과학·공학·우주 탐험이라는 남성 중심의 분야에 들어가는데 영감을 주기 위해서였다.

이 표지를 보며 두 가지 생각이 동시에 머릿속을 스치고 지나간다. 2022년 5월호까지 표지 작업을 했던 포토그래퍼는 지금 무슨 생각을 하고 있을까? 또한 잡지의 표지 작업은 내가 할 수 있는 영역이 아니라 여겼는데, 이제 가능하지 않을까? 누군가에게는 기회이자, 다른 사람에게는 위협인 상황.

같은 달 《이코노미스트》도 생성 인공지능으로 표지를 제작해 배포했다. 《이코노미스트》는 미드저니Midjourney라는 이미지 생성 인공지능을 활용했다. 'AI의 새로운 개척자'라는 제목과 함께 멋진 표지를 선보였다. 사람이 스케치나 붓질 한번 하지 않은 채 그림이 완성되고, 그것이 미술대회 1위까지 차지하는 변화가 우리 눈앞에 펼쳐지고 있다.

이미지 생성 인공지능은 계속 등장하며 진화 중이다. 오픈소스

인공지능이 그린 《코스모폴리탄》(좌), 《이코노미스트》(우) 2022년 6월호 표지

로 무료 공개된 생성 인공지능이 이 확산세를 더 촉진시킨다. 허깅페이스에 공개된 스테이블 디퓨전Stable Diffusion이 대표적인 예다. 270쪽 상단의 그림은 "A high tech solarpunk utopia in the Amazon rainforest"라는 프롬프트를 출력한 결과다.

스테이블 디퓨전은 누구나 사용할 수 있도록 공개된 오픈소스로, 이를 기반으로 다양한 추가 기능이 생기고 있다. 예를 들어 스크리블Scribble 디퓨전은 270쪽 아래 그림과 같이 손으로 간단히 그림을 그려도 멋진 그림으로 바꿔주는 기능을 수행한다.

스테이블 디퓨전에서 생성한 이미지

손으로 그린 그림을 바꿔주는 스크리블 디퓨전

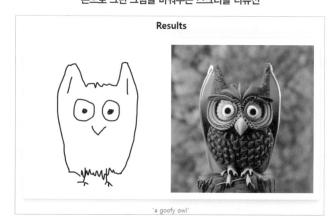

똥손이 웹툰 작가가 된다고?

인기 있는 웹툰 작가가 되려면 흥미로운 이야기를 구성해야 하고, 밑그림을 잘 그려야 하며, 채색도 멋지게 해야 한다. 이 모든 일을 혼자서 다 할 수 없으니 대부분 마음속에 멋진 이야기가 있더라도 펼쳐내기 어렵다. 하지만 이제 생성 인공지능으로 새로운 시도를 하는 사람들이 등장하고 있다.

캐나다에 사는 엘비스 딘은 이미지 생성 인공지능 미드저니를 활용하여, 그래픽노블 〈염소들Goats〉을 발표했다. 〈염소들〉은 예술성 짙은 만화 장르를 일컫는 그래픽노블에 어울리는 수준급 작품으로 주목받으며, 2022년 8월부터 북미용 네이버 웹툰에 연재 중이다.

2023년 3월, 일본에서도 이미지 생성 인공지능 프로그램을 이

미드저니로 그린 웹툰 〈염소들〉

용해 제작한 만화책 『사이버펑크 모모타로サイバーパンク桃太郎』가 출간
되었다. 이 만화도 미드저니로 그려졌다. 37세인 작가 루트포트
Rootport는 지금까지 손으로 만화를 그려본 적이 없다고 밝혔다. 120
페이지 분량의 컬러 만화 작품을 제작하는 데 불과 6주밖에 소요되
지 않았는데, 루트포트는 "만약 이를 일일이 손으로 그렸다면 1년
넘게 걸렸을 것"이라 언급했다.

툰스퀘어Toonsquare는 텍스트로 입력한 문장을 웹툰으로 바꾸어 주는 생성 인공지능 '투닝'을 운영하고 있다. 전혀 그림을 그려보지 않은 초보자들도 웹툰을 만들 수 있도록 지원한다. 예를 들어 '토끼가 웃고 있다'라고 입력하면 해당 그림을 웹툰으로 그려주는 식이다. 또한 사진 속 인물을 웹툰으로 변신시키기도 한다. 프롬프트를 자세히 입력할수록 구체적으로 묘사된다. 딥툰Deep Toon도 인공지능이 웹툰 제작에 필요한 캐릭터 설정, 표정과 동작 연출, 배경 설정

미드저니로 그린 웹툰 〈사이버펑크 모모타로〉

등에 도움을 주어 고품질로 빠르게 웹툰을 제작할 수 있도록 한다.

웹툰 제작을 지원하기 위한 인공지능 도구도 계속 발전하고 있다. 네이버의 '웹툰 인공지능 페인터'를 사용하면 자동 채색이 가능하다. 네이버 웹툰에 따르면, 웹툰 12만 회차 분에서 30만 장의 이미지 데이터를 추출하고 인물의 얼굴이나 신체, 배경 등 영역별로 채색 스타일을 학습해 인공지능 페인터를 개발했다고 한다. 색을 골라 원하는 곳에 터치하면 인공지능이 뚝딱 색칠해주는 것이다. 실제 창작 과정에 활용할 경우, 작업 시간이 최대 50%까지 줄어들 것으로 기대한다.

사진이 웹툰으로 바뀌는 기술도 있다. 웹툰미^{WebtoonMe}는 카메라로 촬영한 사람의 안면부터 착용 중 의상까지 웹툰으로 변환해준다. 독자가 작품을 읽으면서 자신의 얼굴을 비춰 웹툰 장면에 직접 등장하는 인터랙티브 웹툰에 활용하거나 작가의 작업 편의성 향상에 기여하리라 기대한다. 사진으로 찍은 배경이 바로 웹툰으로 전환되는 배경 전환 기술도 누구나 웹툰을 제작할 수 있는 여건을 마련해준다.

네이버는 또한 시각장애인의 웹툰 감상을 지원하는 '배리어프리 웹툰'도 시범 운영 중이다. 인공지능을 활용해 웹툰에 쓰인 글자를 소리로 변환해주는 기술인데, 향후 다언어 지원과 함께 등장인물별로 목소리를 달리해 화자를 추론할 수 있는 기능도 적용할 계획이다.

　생성 인공지능의 발전으로 아이디어나 시나리오만 있으면 누구나 웹툰을 만들고 즐길 수 있는 시대가 온 것이다.

네이버의 인공지능 웹툰 채색 플랫폼 사용 전(위)과 후(아래)

1인 생성 미디어 기업이 온다

2023년 2월, 록밴드 린킨 파크 Linkin Park는 20주년 앨범을 기념하기 위해 신곡 〈로스트 Lost〉와 함께 뮤직비디오를 발표했다. 뮤직비디오는 공개 이틀 만에 유튜브에서 1,000만 뷰를 돌파하며 폭발적인 인기를 끌었다. 이 뮤직비디오는 누가 만들었을까? 주인공은 바로 카이버 kaiber라는 생성 인공지능이다. 카이버를 활용하면 이미지와 음악, 간단한 프롬프트로 뮤직비디오를 포함해 다양한 영상을 제작할 수 있다.

음악과 관련된 이미지가 있으면 더욱 도움이 된다. 카이버에서 제공하는 이미지가 있지만, 미드저니 등 이미지 생성 인공지능에 뮤직비디오와 어울리는 프롬프트를 입력해 관련 이미지를 준비해

린킨 파크의 〈로스트〉 뮤직비디오 한 장면

두면 좋다. 먼저, 준비한 이미지와 음악을 업로드한다. 프롬프트를 입력하는 창이 나오면 어떤 뮤직비디오를 생성하고 싶은지, 만화 풍, 시네마틱 등 어떤 분위기로 연출할 것인지 직접 입력하거나 예시로 제공되는 프롬프트를 선택한다. 줌인과 줌아웃 등 영상에 관해 여러 설정을 한 후 영상 시작 프레임을 선정하고 생성을 누르면 뮤직비디오가 제작되며, 다운로드도 가능하다.

애니메이션에도 생성 인공지능이 활용되고 있다. 최근에는 스테이블 디퓨전을 활용한 단편 애니메이션이 계속 등장해 주목받고 있다.

2023년 1월, 넷플릭스 재팬은 트위터를 통해 일본에서 제작 중

스테이블 디퓨전을 활용한 단편 애니메이션

인 애니메이션 〈개와 소년〉 예고편을 공개했다. 예고편은 약 3분 분량으로, 피할 수 없는 전쟁 상황에서 개와 소년의 슬픈 우정을 그린다. 특히 벚꽃이 바람에 날리고, 눈이 내리는 그림 같은 자연이 잘 표현되어 있다. 이 아름다운 배경은 모두 생성 인공지능의 작품이다. 애니메이션의 엔딩 크레딧 배경 디자이너^{Background Designer}에 'AI'라고 써 있는 게 눈에 띈다. 사람 이름 대신 인공지능이 있다. 우

<개와 소년> 엔딩 크레딧

리의 삶 구석구석에 생성 인공지능이 들어서고 있음을 실감한다.

영화는 어떨까? 누구나 영화를 제작해 영화제에도 참가할 수 있을까? 2023년 2월 인공지능 영화 페스티벌^{AI Film Festival}이 개최되었다. 말 그대로 인공지능이 만든 단편영화를 대상으로 시상식이 열린 것이다. 새로운 도구가 등장하면서 새로운 장르가 생기고 새로운 축제도 등장한다. 이 영화제는 생성 인공지능 기업 런웨이^{Runway}가 주최했다. 인공지능 영화제에 참가한 사람들은 모두 이 도구로 영화를 만든 것이다.

런웨이의 GEN-1은 기존 영상을 완전히 다른 영상으로 전환해주는 생성 인공지능을 비롯해 다양한 영상을 만들고 편집할 수 있는 도구를 지원한다. 일상 속 다양한 영상을 완전히 새로운 뮤직비디오나 영화로 바꾸는 게 가능하다. 영상 배경 삭제 및 변경, 영상 내 특정 개체 삭제 등 편집 기능도 있어 내가 원하는 대로 영상을 연출할 수 있다.

런웨이의 GEN-2는 텍스트를 입력하면 영상을 생성한다. 프롬프트로 만드려는 영상을 입력하고 애니메이션 효과를 줄 것인지,

GEN-1, 비디오 투 비디오 기능

슈퍼 개인의 탄생

영화 느낌으로 갈 것인지 결정하면 된다. 뮤직비디오, 애니메이션, 영화를 텍스트 입력만으로 제작할 수 있는 세상이 열렸다. 상상한 것이 인공지능의 도움을 받아 영상으로 재생되는 것이다.

현재 비디오를 생성하는 인공지능 개발에 빅테크 기업이 열을 올리고 있다. 구글의 '이매젠 비디오imagen video', 메타의 '메이크어비디오Make a Video'가 대표적이다. 이 밖에 '딥브레인Deep brain' 등 스타트업 다수도 관련 서비스를 제공한다. 경쟁은 더욱 치열해질 것이고 더 좋은 품질과 가치를 지닌 서비스가 살아남을 것이다. 동시에 영상 생성 인공지능의 기술 진화도 가속화될 것이다.

얼마 전까지만 해도 내게 누군가 "뮤직비디오, 애니메이션, 영

GEN-2, 텍스트 투 비디오 기능

화를 만들어주실 수 있나요?"라고 묻는다면 당연히 "아니요. 못 해
요"라고 답했을 것이다. 하지만 이제는 다르다. 나를 뮤직비디오
감독으로 만들어줄, 수많은 도구가 있으니까.

메타버스도
클릭 한 번으로 손쉽게

그렇다면 영상을 넘어서 메타버스도 만들 수 있을까? 게임도 개발할 수 있을까? 불가능해 보이는 이런 일들이 조금씩 현실로 다가오고 있다.

메타버스가 주목받으면서 메타버스 크리에이터라는 직업이 생겨났다. 로블록스Roblox에서는 게임이나 디지털 아이템을 만들어 판매하고 돈을 벌 수 있다. 과거에는 게임이나 디지털 아이템을 만드는 일이 전문가들의 영역이었지만, 로블록스가 '스튜디오'라는 도구를 제작해 더 많은 사람이 로블록스에서 다양한 가상공간과 디지털 아이템을 만들고 경제활동을 할 수 있도록 지원했다. 마치 파워포인트로 뚝딱뚝딱 작업하면 발표자료가 완성되는 것처럼, 게임이나 디지털 아이템을 만들 수 있도록 한 것이다.

로블록스 스튜디오는 기존 방식보다 쉽게 사용자에게 디지털 창작을 할 수 있게 했지만, 여전히 한계가 존재한다. 마치 내가 파워포인트를 배워도 막상 작업한 결과물을 보면 만족스럽지 않은 것처럼 말이다. 누군가는 디지털 창작으로 수십 억을 번다지만, 직접 해보니 쉽지 않았다. 하지만 이제 디지털 창작에 생성 인공지능이라는 거대한 변화의 바람이 불고 있다. 이제 만들고 싶은 가상공간과 아이템을 텍스트로, 말로 바로 생성할 수 있다면? 빠르게, 고품질로, 많은 디지털 창작을 할 수 있는 슈퍼 크리에이터이자 개발자가 될 것이다.

2023년 2월 로블록스는 생성 인공지능 도입 계획을 발표했다. 목표가 참 멋지다. 모든 사용자가 인공지능을 활용해 크리에이터가 될 수 있도록 한다는 것이다. 이제 로블록스에서 텍스트로 빨간색 멋진 자동차를 만들고 싶다고 프롬프트를 입력하면 자동차가 생성된다. 로블록스 게임을 만들 때 자동차에 라이트를 켜는 기능을 넣고 싶다면 "라이트를 켜줘"라고 입력하면 끝이다. 자동차가 하늘을 날게 하고 싶다면 "자동차를 날게 해줘", 게임 속에서 비를 내리게 하고 싶다면 "비를 내려줘"라고 쓰기만 하면 된다.

로블록스의 생성 인공지능 계획은 3월에 바로 테스트를 시작했다. 로블록스는 개발자 컨퍼런스에서 모든 사용자가 크리에이터가 될 수 있도록 하는 첫 번째 인공지능 도구를 출시했다고 발표했다. '코드 어시스트Code Assist'와 '물질 생성기Material Generator'가 그것이다. 로블록스 스튜디오의 책임자인 스테프 코라짜Stef Corazza는 코드 어시스트가 "기본적인 코딩 작업을 자동화하여 창의적인 작업에 집중할 수 있도록 도와줄 것이며, 기술 장애가 있지만 좋은 아이디어를 가진 사람들이 로블록스에서 창작할 수 있게 될 것이다"라고 언급했다.

만약 내가 로블록스 게임을 만드는 중인데, 게임 사용자가 원형 모양의 3D 객체를 만질 때 0.3초 후 붉은색으로 변하며 폭발하는 기능을 넣고 싶다면, 다음과 같이 텍스트를 입력하면 된다. "플레이어가 구를 터치하면 구가 빨간색으로 변하고 0.3 초 후에 파괴

로블록스의 생성 인공지능 예시

lights on!

되도록 해줘^{make orb turn red and destroy after 0.3 seconds when player touches it}." 그리고 이를 실행해보면 기능이 그대로 구현된다. 물질 생성^{Material} ^{Generator}은 텍스트 입력으로 가상객체를 생성하며 텍스트 명령으로 3D 물체에 질감까지 표현한다. "밝은색의 세라믹 타일^{Bright colored}

코드 어시스트 입력 및 실행 예시

슈퍼 개인의 탄생

ceramic tiles"이라고 입력하면 끝이다.

3D 객체와 질감을 구현하는 데 특화된 생성 인공지능도 등장했다. 이제 사용자는 더 쉽고 빠르게 다양한 질감의 3D 객체를 만들어 가상공간에서 활용할 수 있다. 폴리Poly의 프롬프트 입력창에 "이끼가 있는 나무껍질Tree bark with moss"이라고 입력하면 인공지능이 3D 객체를 생성하는 식이다.

프롬프트를 넣고 클릭 한 번으로 내가 원하는 가상현실을 만들어주는 생성 인공지능 블록에이드 랩스blockade labs도 등장했다. 블록에이드 랩스의 스카이 박스Sky box를 활용하면 다양한 가상공간이 만들어지는데, 필자가 프롬프트 창에 "white ice land and blue sky"라고 입력한 후 생성 버튼을 누르니 바로 가상공간이 눈앞에 나타났다.

폴리 3D 생성기

엔비디아의 '캔버스Canvas'는 간단한 붓질로 그린 그림을 순식간에 사실적인 풍경으로 바꿔준다. 또한 그 풍경은 캔버스 360이라는 새로운 기능을 통해 가상공간에 적용할 수 있다.

길을 걷다가 멋진 오토바이를 보고 사진을 찍었다. 이 오토바이를 3D로 만들 수 있을까? 엔비디아의 GET 3D는 2D 이미지를 3D로 바꾸어준다. 이제 사진에 있는 모든 사물과 사람은 3D가 되어 가상공간에서 활용할 수 있다.

지금 당장 내가 있는 방도 가상공간으로 만들 수 있을까? 일단 카메라로 방 이곳저곳을 찍고 엔비디아 인스턴트 너프Instant NeRF에게 부탁하면 된다. 《타임》은 2022년 최고의 발명품으로 엔비디아의 인스턴트 너프를 선정하며 다음과 같은 기사를 썼다. "인스턴트 너프 이전에는 3D 장면을 제작하는 데 특수 장비, 전문 지식 및 많은 시간과 돈이 필요했다. 이제는 사진을 몇 장만 찍으면 몇 분 안에 제작된다." 많은 시간과 비용을 줄이며 누구나 이러한 공간을

간단한 그림을 사실적인 풍경으로 바꿔주는 엔비디아의 캔버스

슈퍼 개인의 탄생

만들 수 있다는 것이다.

텍스트를 입력하면 원하는 3D 객체를 생성하는 시도는 지속 중이다. 챗GPT를 개발한 오픈AI는 텍스트를 입력하면 텍스트를 생성하는 챗GPT, 텍스트로 원하는 그림의 내용을 입력하면 그림을 그려주는 달리에 이어 원하는 3D를 텍스트로 입력하면 원하는 3D 객체를 생성해주는 '포인트-E'를 준비 중이다. 엔비디아도 사용자가 텍스트를 입력하면 원하는 형태의 3D 객체를 생성해주는 '매직 3D'를 준비하고 있다.

텍스트를 입력하면 내가 원하는 메타버스도 만들 수 있을까? 메타버스 기업 OPUS가 이를 시도한다. 사용자가 원하는 메타버스를 프롬프트로 입력하면 바로 생성해주는 것이다.

290쪽 그림은 OPUS를 활용해 메타버스를 제작한 사례다. 그림 왼편에 사용자가 자신이 만들려는 메타버스 모습을 텍스트로 입력하면 그에 맞춰 가상공간이 계속 생성된다. 가상공간에는 가상인간도 설정할 수 있고, 가상인간의 움직임도 프롬프트로 제어할 수 있다.

생성 인공지능이 가상세계와 빠르게 접목하고 있다. 2023년 3월, 〈어쌔신 크리드〉나 〈파 크라이〉 같은 인기작을 개발한 유비소프트는 게임 제작에 생성 인공지능을 도입하겠다고 발표했다. 생성 인공지능 '고스트라이터'를 활용해 게임 속 NPC의 대화나 군중

텍스트 입력으로 메타버스를 구현하는 사례

의 소음 등 배경음도 생성할 예정이다. 군중의 소음이나 전투 중 나는 비명 등은 게임 경험에 중요한 요소이기 때문이다. 생성 인공지능이 이를 전담하고, 인간 개발자는 핵심 부분에 집중할 수 있도록 한다는 것이다. 같은 달 메타버스 저작도구 기업 유니티도 생성인공지능 도구 출시 계획을 발표했다. 유니티 CEO 존 리치텔로John Riccitiello는 "역사상 모든 비디오게임에서 대화는 누군가에 의해 작성되었지만, 이제 생성 인공지능은 NPC에 성격이나 목표까지 부여할 수 있게 되었다"고 언급했다. 게임 캐릭터의 대사를 자동 창작해주는 인공지능 출시를 예고한 것이다. 또한 유니티는 생성 인공지능을 활용해 '2초 동안 천둥 추가' 같은 텍스트를 입력해 자동으로 코드를 생성하고 게임 속 디지털 자산을 생성하게 할 계획이다. 유니티 크리에이트 솔루션의 마크 휘튼 부사장은 "우리는 실시간 기반의 3D 콘텐츠가 늘어나리라 믿으며, 이러한 변화는 게임, 비게임 상관없이 계속될 것이다"라고 말했다.

코딩 지식이 없던 사람이 코딩을 활용하고, 누구나 원하는 가상 객체와 공간도 만들 수 있는 도구들이 계속 등장하고 있다. 로블록스가 생성 인공지능을 도입하는 순간 이미 경쟁은 더욱 치열해졌다. 메타버스 기업들은 너도나도 생성 인공지능 도구를 도입할 것이고, 이에 늦어지면 경쟁에서 밀리게 될 것이다.

개인도 마찬가지다. 당신은 지금 어떤 가상도구를 활용하고 있는가? 슈퍼 개인의 도구를 사용하고 있는가? 이제 과거의 기준, 정해진 틀, 기존에 사용하던 도구에서 벗어나 새로운 도구와 함께 새로운 나를 만나야 할 시간이다.

エピローグ

에필로그

한계를 넘어서,
또 다른 나를 만나는 시간이 오기를

"박사님, 손님이 오셨는데 안내해드릴까요?"

딱히 약속이 없는데, 나를 찾아오신 분이 있다니 누굴까 싶었다. 혹시 내가 잊은 약속이 있는 건 아닌지 불안한 마음에 허둥지둥 손님을 맞으러 갔다.

처음 보는 부부였다. 그들은 불쑥 찾아와서 죄송하다며, 유튜브에서 내가 출연한 영상을 보고 무작정 기차를 타고 오셨다고 했다. 먼 지방에서부터 일부러 찾아오신 만큼, 그분들께는 너무도 중요하고 간절한 일이라 생각되어 함께 이야기를 나누었다.

"우리 아이가 생성 인공지능과 메타버스로 할 수 있는 일이 있을까요?"

올해 여덟 살로 청각장애가 있는 아이는 상상력이 뛰어나고 에너지가 넘친다고 했다. 어떤 마음으로 나를 찾아오셨는지 이해는 됐지만 막상 답변하려니 머릿속이 복잡해졌다. 생성 인공지능과 메타버스에 대한 설명을 해줄 수는 있지만 진로는 또 다른 영역 아닌가. 나는 잠시 고민하다가 답했다. 정답을 드리기는 어렵지만, 아이가 학교를 졸업하고 본격적인 사회생활을 시작하는 약 15년 후에는 지금과는 완전히 다른 세상이 올 것이라고. 그리고 생성 인공지능을 활용해서 창작할 수 있는 다양한 영역을 소개하면서, 실제 디지털 창작물을 제작하는 데 장애는 크게 문제가 되지 않을 것이라고 설명했다. 또 부모님이 아이와 함께 다양한 생성 인공지능 도구들을 사용해서 결과물을 만들어보는 한편, 혼자 힘으로도 만들게 하면서 아이의 상상력과 에너지가 디지털 창작 분야에서 표출되었으면 좋겠다고도 덧붙였다.

전 세계적으로 흥행했던 영화 〈어벤저스 : 엔드 게임〉에서는 여섯 개의 스톤Stone을 갖기 위해 선과 악이 대립한다. 물질을 조작하는 능력, 정신을 통제하는 능력, 시공간을 이동하는 능력 등 여섯 개의 스톤은 각각 엄청난 힘을 지니고 있으며 이를 모두 갖게 되면 말 그대로 초월적인 힘을 갖게 된다. 말 그대로 세상을 자유자재로 움직일 수 있는 것이다.

생성 인공지능 혁명 시대를 주도하는 슈퍼 개인이 되기 위해서는 어떤 생성 스톤이 필요할까? 본문에서 언급한 슈퍼 개인의 생성 프레임을 떠올려보았다. 텍스트, 소리, 이미지, 영상, 3D 생성 능력, 그리고 여기에 프롬프트로 질문하는 능력까지. 이러한 스톤들로 누구나 희소한 디지털 재화를 생성할 수 있는 세상이 왔다. 나는 그 아이가 슈퍼 개인으로 성장하기를 진심으로 소망한다. 그리고 독자들 역시 새로운 도구로 일어날 변화를 이해하고 나의 한계를 넘어서 또 다른 멋진 나를 만나게 되길 바란다.

사람은 본능적으로 자신이 안전하다고 생각하는 영역, 즉 컴포트존Comfort zone에 머무르려고 한다. 그러다 시간이 지나면 어느새 왜 할 수 있는지보다 왜 할 수 없는지, 하지 말아야 하는지에 대한 이유를 찾는 데 익숙해진다. 책을 읽은 독자들께 당부드리고 싶다. 처음은 불편함을 겪더라도 생성 인공지능이라는 새로운 도구를 일단 먼저 경험해보시라고. 이 도구는 우리를 반드시 새롭게 만들 것이고, 사용법을 고민해보는 동안 당신의 상상력에는 근육이 붙을 것이다.

나만의 생성 스톤은 무엇일까? 여러분이 저마다의 답을 찾아 슈퍼 개인으로 거듭나길 바란다. 이 책이 그 작은 첫걸음이 될 수 있다면 더 바랄 게 없을 것이다.

이승환

AI 시대 절대 대체되지 않는

슈퍼 개인의 탄생

초판 1쇄 발행 2023년 6월 14일
초판 2쇄 발행 2023년 6월 21일

지은이 이승환

발행인 김미경
출판사업팀장 이승아
책임편집 이안리
디자인 유어텍스트

발행처 (주)엠케이유니버스
출판신고 2022년 6월 29일 제2022-000183호
주소 서울시 마포구 와우산로 23길 8

문의전화 070-8806-5941
이메일 awakebooks@mkcreative.co.kr
인스타그램 @awakebooks

ⓒ 이승환
ISBN 979-11-980130-4-0 (03320)